I0757039

Nunca más seré tu puta

ROSANA AMPLE

EL árBOL De
La VerDaD

Para todas las mujeres víctimas de malos tratos psicológicos, porque solo ellas saben que dicho maltrato cala más que una buena hostia.

Diario de Manuela Murillo

Durante toda la noche había estado recordando aquella cena de hace años. Fue en el año 2004. Las televisiones se hacían eco de un libro que estaba levantando ampollas en la alta sociedad. Un conocido periodista de investigación que se hacía llamar Antonio Salas, acababa de publicar "El año que trafiqué con mujeres". No citaba nombres, solo iniciales de mujeres famosas, algunas modelos, otras actrices. Todas se habían dejado embriagar, por un cheque con muchos ceros.

Éramos unos veinte comensales. Hacía tiempo que no nos reuníamos todas. Mis amigas con sus novios. Y yo, que no sabía divertirme con él mío en ese tipo de fiestas, esa noche, hice una excepción y le traje conmigo, decidiendo ser yo misma de una vez, aunque hubiesen represalias.

Todos los colegas se hacían cruces de las cifras que se habían pagado a esas bellezas, por ser dama de acompañante.

—Es que por esas cantidades, yo pongo mi ojete—decía un chico.

—Toma y yo—decía otro.

—Es solo un momento, la verdad es que no hay que juzgar a esas modelos. Al fin y al cabo solo es un polvo y ellas tenían total libertad de elegir con quien. Si no les resultaba atractivo rechazaban la oferta. Veo un dinero muy fácil. Yo también lo haría y por menos ceros—dijo Martina.

—Toma ¡Y yo! — confesé eufórica.

No fui consciente del efecto de mis palabras, hasta tres horas después, cuando me encontré a solas con Cristóbal. Nos encontrábamos los dos solos, frente a un semáforo en rojo, hacía frío y acerqué mi brazo hacía el suyo colocando mi cuello en su hombro, él, con desaire, apartó su brazo empujándome bruscamente.

—Quita puta, que me das asco

—¿Cómo? No te entiendo, por qué me llamas puta. —respondí afligida.

—Sí, yo tampoco sabía que estaba con una puta. Ya veo lo que eres, eres un zorrón, igual que todas tus amigas. No sabía que tenías un precio, ¿Qué estás dispuesta a comerla por un cheque? Me das asco Manuela. Y se alejó unos pasos de mí, como si fuese una leprosa.

Los Ángeles, 3 de marzo de 2009

Querido Cristóbal,

Te has tirado mucho tiempo llamándome puta sin más porqué. Cualquier mujer de mí alrededor que llevara minifalda o insinuase sus encantos era una puta. Cualquier mujer de pensamiento abierto, era una puta. Mi madre y mi hermana, eran unas putas para ti. Abreviemos; menos tu hermana y tu madre, todas las mujeres para ti son unas putas.

Me colocabas este calificativo por cualquier cosa que hiciese, llegando a carecer para mí de significado. Si me ponía algún cuello de pico, alguna falda corta o simplemente te pedía permiso para pasar un fin de semana con mis amigas...y ale, puta, puta y puta. Dejé de darle valor a esa palabra. Pero sabes; por una noche me he convertido en una puta. Javier ha sido mi primer y único cliente. No ha estado mal. Quizás mejor que en otros polvos voluntarios y gratuitos. Me ha extendido un cheque de 10.000$. Noté que me deseaba desde el primer momento que le vi. En un principio no me atrajo, pero tras la velada, confieso que me lo hubiera follado gratis. En fin, esta cifra para Javier es calderilla. Bueno, marranillo, no voy a entrar en los detalles de alcoba, solo decirte:

Ahora sí soy una Puta, pero nunca más seré tu Puta.

Firmado: Una puta más.

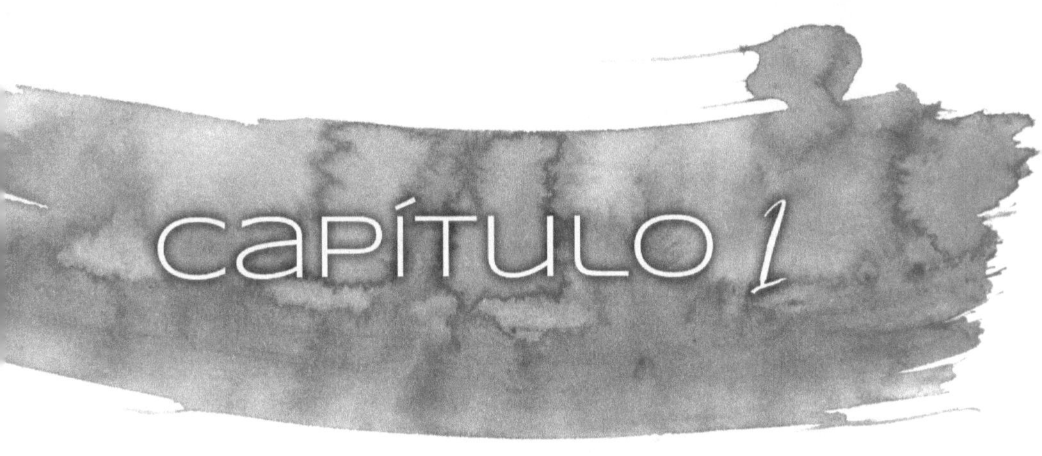

Llegó a la productora, sin ningún sentido del ridículo, con la intención de convertirse en directora de arte, con una formación, únicamente teórica y algo obsoleta, además de unas maneras un tanto pueriles. Pero hubo algo en Manuela Murillo, que cautivó a Lupita. Su fuerza, escondida entre su fragilidad, su carácter soñador, su inocencia. Lupita precisaba de una asistente bilingüe; observaba el curriculum de Manuela:

Manuela nació en Alemania, cursó estudios de audiovisuales finalizados en el año 2.004. Justo hacía unos 10 años. Nada más y nada menos que en La Escuela Superior para Televisión y Cine de Múnich. Su única experiencia; la de trabajar en una ferretería de un pueblo de Asturias. Lupita levantó la cabeza y la observó con detenimiento. Manuela era una joven esbelta, elegante, fotogénica, con un excelente gusto vistiendo. Tenía trazas de haber trabajado como modelo, sabía marcar sus pasos, mover las caderas, conocía el significado de la seducción.

—Srta. Manuela Murillo. ¿Cómo es que nació en Múnich, se trasladó a Asturias y ahora está de nuevo de vuelta en su ciudad natal?

—Mis padres se trasladaron aquí de recién casados, cuando cumplí la mayoría de edad y terminé de estudiar audiovisuales, deseaban volver a Asturias. Mis abuelos llevaban la ferretería del pueblo, mi abuela tenía alzhéimer y mi abuelo reuma; querían cerrar la tienda. Mi padre sintió el impulso de hacerse cargo de la ferretería y disfrutar de los pocos años de vida que les quedaban a mis abuelos. Yo no quería vivir en Asturias, pero tampoco me resultaba atractivo quedarme sola en Múnich. Ellos prometieron que con los años, podría volver, si lo quisiera, que ellos me ayudarían económicamente.

Era una más de tantas chicas guapas y superficiales que aparecían por la productora. Pero esta última hablaba perfectamente español y alemán. Su inocencia le daba mucha ventaja. Carecía de maldad, de picardía. Lupita sentía que era la candidata perfecta, un diamante bilingüe por pulir. Le solventaría la papeleta de redactar, revisar y negociar contratos, facturas, presupuestos y defenderse de algún que otro tiburón germano. —Aunque esto último, solía ser tarea de su marido y socio Adam Ziegler, pero éste no estaba siempre enganchado a sus faldas, por suerte_.

A pesar de que acababa de alquilar un piso en pleno centro de Múnich, Manuela no puso objeción en incorporarse con motivo del viaje a Los Ángeles. ¡Viajar a Los Ángeles para rodar "La siguiente Top Model Alemana"! ¡Ser la asistente de una conocida productora de cine! No estaba mal para empezar. Sentía que empezaba a vivir. ¡Por fin!

* * *

El trayecto en el interior de un avión con destino a Los Ángeles, California, iba a ser el más emocionante tierno y conmovedor para Lupita Valenzuela. Había observado a su nueva asistenta comportarse en las tiendas del aeropuerto. Como siempre, presumía de una imagen impecable y un gusto exquisito por las marcas de lujo. Mientras se dejaban arrastrar por los pasillos sobre una cinta mecánica, había sometido a un tercer grado con esos anchos ojos grises de gato a cualquier ser que vistiera desastroso o poco a la moda. Esa muchacha de veintiocho años, la tenía desconcertada. Vestía un pantalón ceñido, le encantaba presumir de un buen trasero respingón y de su delantera, como no, marcada con un top de lycra que dibujaba su cintura de avispa con marcas de abdominales —a pesar de ni siquiera saber cómo se hacen, bendita genética, a veces—

Tan pronto como el avión despegó, Lupita olvidó sus maneras coquetas tan infiltradas en sus células, con una toallita húmeda se retiró el maquillaje y untó su rostro de crema hidratante. Se quitó los tacones de aguja y colocó los calcetines que se encontraban en el neceser que la compañía aérea les había entregado. Dejó sus pesados pendientes en un compartimento del bolso y rescató dos paquetes delgados y transparentes con una máscara que colocó en su boca.

—Toma, póntela, en un avión es donde más bacterias compactas hay y menos defensas tenemos.

Manuela la miraba con vehemencia, esa increíble mujer le estaba dando una nueva vida. Sentía admiración por su nueva jefa. Con cuarenta y tres años, todavía se podía detectar sus maneras y costumbres adquiridas el día de su coronación como Miss México. Era una de esas bellezas mexicanas de ojos negros profundos y pestañas interminables, oscura y poblada melena y andares garbosos, que dejaba a la gente igual de traspuesta que el paso efímero de un huracán ante sus ojos.

Lupita tenía curiosidad en saber qué pasado escondía esa muchacha, en ocasiones, la observaba y era como si acabara de salir del interior de una flor, con su frescura, con su vitalidad. En otras, parecía que acababa de liberarse del mismo Satanás.

—Cuéntame Manuelita ¿Qué diablos hiciste metida en una ferretería por tantos años? —preguntó Lupita.

—Fue un secuestro voluntario Lupita, una historia muy triste. Si padeces insomnio en el avión, te la contaré.

—¿Si lo deseas? Tenemos diecisiete horas y veintinueve minutos, no más— dijo Lupita con su dulce acento y sonriendo.

*H*abía contemplado su nueva silueta. Se había sentido segura de volverestar con otro hombre. Los implantes mamarios, le habían dado la armonía física que su cuerpo necesitaba. ¡Con qué rapidez se había dado cuenta! Justo la misma semana que había roto con Cristóbal.

Libreada de su dueño, por primera vez, con veintisiete años, se había mirado en el espejo y se había sentido por fin, mujer. Había notado como nacía una parte salvaje de su interior, una parte que desconocía de su existencia, que le pedía convertirse en la mujer más sexy del planeta. Fue cuando se preguntó a sí misma.

— Manuela, ¿qué necesitas para sentirte más completa por fuera? Se respondió tocándose los diminutos pechos que no hacían juego con su atlética espalda, anchos brazos y prominentes caderas.

Esa misma semana, sin importarle demasiado la opinión de sus tradicionales y dictadores padres, había asistido a una de las mejores clínicas de cirugía estética de Oviedo.

Había tardado nueve años en romper con la vida que le unía a Cristóbal, sin embargo, la decisión de operarse los pechos, la había meditado menos de dos horas. Ese iba a ser a partir de entonces, su nuevo ritmo en tomar decisiones. No le iba a importar dejar a la gente atrás y seguir caminando sola. El tren pasa más de una vez, solo había que ser ágil y subirse Durante nueve años, con la sencillez en la que un ser humano enciende un televisor desde el sofá y cambia de canales, un energúmeno, le había dado al botón pausa del control remoto de su ser, paralizando su futuro. Miraba atrás; no recordaba que fueron de sus veintiuno, veintidós, veintitrés años. Por mucho que se esforzaba en pensar. No existían hitos en su vida, no había alcanzado ninguna cima, ningún propósito.

Había entrado al quirófano con la misma sensación que una mujer tendría si le abrieran una noche las puertas de Harrods, y la hubiesen conminado a llevarse todo lo que quisiera gratis. No sintió miedo a no despertar de la anestesia, no tenía una pizca de respeto por la vida que le quedaba por vivir. Nunca temió a la muerte.

La operación fue todo un éxito y el postoperatorio semejante a una dura gripe, tres días después de la intervención, le quitaban los sueros y vendajes y descubría su nuevo torso.

La reacción al ver tras el espejo a esas dos nuevas y perfectas formas, no fue tan positiva como esperaba. A pesar de los elogios de las enfermeras por el bello y armonioso resultado. Sintió rechazo de su nueva Yo. Era algo común, según la doctora: el paciente no se reconoce y se abruma.

La primera tarea tras salir de la consulta del médico, fue visitar las tiendas de lencería del centro comercial más próximo, su habitación, se convirtió en una pequeña íntima pasarela la cual bautizó como *Manuela's Secret*. Ahora que sus ojos ya se habían familiarizado con su nuevo aspecto, se sentía tremendamente orgullosa de ellas. Sólo faltaba usar esa valiosa y nueva herramienta. Enseñarlas, disfrutarlas, coquetear…

No podía esperar más, no veía el momento de no tener miedo escénico por su desnudez, poder retozar con algún chico y por primera vez en muchos años—o quizá no sucedió nunca—sentirse deseada.

—Si Cristóbal me viera ahora, seguro que me llamaría puta—le dijo a su mejor amiga, Laura, con la que volvía a llevarse bien.

—Sí, pero ya no te dolería, ¿verdad?

—No, porque sabría que no lo soy, que en el fondo se moriría de envidia de no estar conmigo. En fin, afortunadamente eso, no va a suceder. La distancia entre Asturias y Madrid nos sostiene bien lejos el uno del otro y por mi parte espero no pisar Madrid en lo que me queda de vida. Por cierto, ¿no me notas nada hoy?, ¡mírame bien!

—Que has adelgazado, ya te lo dije la semana pasada. Sí, estás más delgada Manuela, y más guapa.

—Nooooo ¡no es eso! ¡Mírame bien! De arriba abajo.

— ¡Ah, ya sé! Se te ha curado la psoriasis—contestó Laura con mente esclarecedora.

—Tampoco, jooo—inquirió.

—Pues no se chica, me pillas despistada, ¡Dímelo tú!

—Laura, llevo minifalda, ¡es la primera vez en nueve años que me pongo minifalda!

—Es cierto. ¡Cómo no había caído! —respondió Laura llevándose la mano a la frente.

Laura tenía la costumbre de ser sincera. Solía decirle que vestía como una madre, que aparentaba unos diez años más. A Manuela, su sinceridad, no le hería, e incluso, eso de vestir como una madre, le resultaba un tanto tierno. Desde antes de la operación, había empezado a cambiar de vestuario y más tarde, con el aumento de mamás y, acercándose el veranito, su armario estaba repleto de tops con palabra de honor y con cuello escotado.

— ¿Verdad qué ahora ya no visto de madre?—le dijo a Laura.

—Noooo, ¡qué va!, ahora podremos ir las dos juntas a Berska y a Stradivarius.

—Bueno, yo soy más de Blanco y Morgan—dijo Manuela.

Esa noche Manuela, pilló una borrachera de campeonato. Se mareó mientras bailaba a lo loco, sudando la gota gorda y acabó tumbada en un mullido, ancho y redondo sofá de piel sintética blanco y negro sin respaldo. Un tío se le acercó y le plantó un morreo de campeonato. Entreabrió un ojo y vio que el tío era potable así que hubo un segundo beso y un tercero y un poco de magreo mientras bailaban. El tío era francés, se llamaba Olivier y con su acento la invitó a ir a su casa a dormir.

Laura la había estado espiando desde el lado diagonal izquierdo, sin que ella la divisara. Se había encontrado con viejos amigos de su antiguo barrio. En el instante que comprobó que Olivier ya no le comía los morros, se acercó a ella.

—Manuela, son las seis de la mañana. Mañana tengo comida familiar, vámonos.

—Sí, vámonos, menudo resacón me espera. ¿Has visto mi franchute? No sé qué hacer, me dice que me vaya a dormir con él, pero no estoy segura…

—Pues no lo sé, ve pensándotelo mientras hacemos cola en el guardarropa—dijo mientras tomaba su mano como si fuera su tutora.

Olivier las estaba esperando en la cola para recoger las chaquetas. Cuando vio su prenda de abrigo, decidió que iba a hacer esa madrugada.

—Manuela, ¿quieres venir conmigo a mi casa?— dijo en su idioma para seducirla mientras la tomaba en sus brazos

—No Olivier, je ne vais a ton chez. Me voy a casa de mi amiga Laura, ya quedaremos otro día.

Y lo dejó allí, en mitad del parking-descampado, mirando como las dos se alejaban andando medio cojas con esos taconazos que a esas horas no equilibraban el cuerpo.

—Pensaba que te ibas a ir a dormir a su casa—dijo Laura.

—Sí, apunto estuve, hasta que vi su chupa de cuero negra con cadenas y cremalleras, ¡Qué hortera! ¡Si al menos hubiera sido el cantante de Gabinete Galigari y debajo hubiera llevado una blusa de lunares con chorreras!

—Sí…entonces. La culpa la tendría el Chachachá…. —gritó Laura rompiendo a carcajadas, mientras la invitaba al último cigarro de la noche.

—Dicen que de noche todos los gatos son pardos. Pero en una disco…y con media mierda en el cuerpo…—dijo Manuela medio avergonzada.

—Pero he visto como le dabas tu número cuando salíamos.

—He invertido los dos últimos números. En fin, estaría bien no volver a esta discoteca en unos meses, porque no tengo ganas de cruzármelo. Laura, sigo teniendo un problema. Sigo sin follar. Llevo cuatro meses sin follar, ¡y dos meses con estas tetas de lujo! ¡Cuando follaré! A veces pienso que Dios me ha castigado, que nunca más en mi vida volveré a follar. ¡¡¡Necesito echar un clavo!!!¡Laura, me voy a volver loca! —dijo agarrándose de la cabeza.

—Manuela, de verdad, te quejas sin motivo. ¿Recuerdas a Vicente? ¿El amigo que te presenté, que trabajamos juntos en una charcutería? Ese tío te dijo abiertamente que él te follaría. Y ni siquiera le pediste el teléfono. Tú dices mucho, pero a la hora de la verdad te escabulles como si fueras *Escubidú*, el de los dibujos.

—Es que me da vergüenza…solo he estado con un hombre y encima me daba asco…—respondió apesadumbrada —y como tarde mucho en encontrar amante, van a tener que usar un buril o cincel— dijo con una sonrisa contagiosa.

—No entiendo ese miedo escénico. Desde que dejaste al pirado de tu novio, se te ha quedado un cuerpazo, de infarto.

— ¿Sabes que he pensado, Laura? Me gustaría convertirme en bailarina de *strip tease*. La mejor escuela de Pole Dance está en Barcelona. Podría irme a vivir a Barcelona y hacerme…

—No sigas por ahí Manuela Murillo—intervino Laura—No relegues todos tus atributos a un cuerpo bonito, tienes un precioso interior, eres inteligente, ¡hablas perfecto alemán! Eso de bailar… Puede ser divertido durante unas semanas, pero, acabaría quemándote.

Capítulo 3

Fue muy sencillo para Cristóbal atrapar a Manuela. Solo tenía que garantizarle una buena manutención como ama de casa. La convenció de que no valía para nada, de que el mero hecho de tener pasión por el canto, no iba a ser un oficio remunerado. La privó de cualquier actividad didáctica. Valoraba la preciosa voz de su pareja, pero, al mismo tiempo había calumniado el mundo del artista con el tópico de que para llegar a ser famoso, había que prostituirse con muchos peces gordos. Los argumentos de Cristóbal, eran poco sólidos, pero Manuela era una mujer muy maleable e ingenua. Además, su fuerte necesidad de ser protegida por una figura masculina, le otorgaba un gran poder sobre ella. Sin embargo, ahora, se sentía frustrada por no tener estudios universitarios y derrotada por no haber conseguido el sueño de convertirse en cantante. Nunca antes se había presentado a castings, él se lo tenía prohibido y ahora, llegaba tarde. Más cerca de los treinta que de los veinte, sentía que no tenía oficio, ni beneficio, mientras se enfrentaba a la batalla de vencer múltiples secuelas anidadas bajo su piel durante años de dueño. Secuelas, que no podían permitirse un duelo, porque la vida pasaba, y no quería perderse nada más.

Cristóbal era un tío del montón, tirando al montón de los feos, porque, cuando se habla del montón hay dos montones, el de los de; tirando a feos y el de los de; tirando a potables. Aunque, si le vestía Manuela, podía ir disfrazado del montón potable.

A Manuela al principio, le gustaba tener sexo con él. Acababa de descubrir el sexo. Le acababan de presentar a un pene. Manuela, este es Pene. Pene, esta es Manuela. No cesaba de observarlo como si se tratara de un volcán al que todavía no habían diagnosticado el momento de su erupción. Sus manos exigían tocarlo hasta llegar a asociar a qué se asemejaba esa cosa. Cristóbal quería que lo lamiera como si se tratara de una golosina, pero a ella eso le daba un poco más de asco, puesto que por ahí salía el pis. Tampoco le gustaba que bajara su cabeza ahí, donde su vagina y, que le lamiera. Le parecía súper incómodo. Ahí abajo, no había nada interesante, que ella supiera. Seguía pensando en el pis. Así que a la fuerza, hacía que Cristóbal apartara su lengua de sus partes oscuras y poco descubiertas por la dueña. Más bien porque a cambio, quería que ella, le lamiera a él lo suyo y, eso para Manuela, era un suplicio. El pene de Cristóbal, tenía un fuerte olor a orina, e incluso acabándose de lavar. Su glande en su boca era cuero curtido de sedimentos urinarios.

Los últimos años con Cristóbal, fue cuando ella empezó a rechazar tener sexo con él. Seguía ignorando sus deseos de que le hiciera felaciones y no soportaba el copioso sudor que goteaba por su frente y a veces se colocaba en sus ojos como gotas de colirio. Llegó estratégicamente a colocar una toalla pequeña en la almohada y cuando su rostro estaba empapado, le secaba con sutilidad.

—Laura, ¿a ti te gusta hacer mamadas?

—Sí el chico me gusta, claro, ¿por qué no?

— ¿No te da asco el olor a orina filtrada?

— ¿Qué dices tía? ¡Eso no huele! A no ser que pilles a un guarro.

—Qué asco, Laura, pillé a un guarro durante nueve años.

No perdía la fe en las palabras de su amiga. Laura había salido con muchos chicos, había probado muchas pollas.

Esa misma semana, Laura había tenido una cita con Alex, uno de los chicos que se había encontrado en la discoteca; aquellos viejos amigos de su barrio. Empezaron a verse muy a menudo, e incluso Laura le leyó a Manuela un par de cartas de amor, en las que Alex confesaba que siempre estuvo enamorado de ella. Laura era un hueso difícil de roer, pero Alex estaba determinado a mostrar paciencia y mano izquierda. En menos de dos meses, su relación estaba yamuy bien consolidada.

Era la única amiga soltera que le quedaba en España. Todas las viejas amigas de la infancia, se habían casado y embarazado.

Laura empezó a llamar menos, o nada. Era Manuela la que le llamaba para recordarle que, no le había grabado el DVD de Pacha Ibiza o mandado las fotos de la última salida a la discoteca próxima a la playa. Era feliz con Alex, pero Manuela, no se alegraba. De nuevo, como en otras veces, un tío le había robado a una gran amiga. De nuevo surgía su mayor y único miedo en su vida; la soledad. Detestaba la soledad, por eso aguantó nueve años con el monstruo de Cristóbal. Por eso le costó tanto soltarlo. Ahora se enfrentaba de nuevo a la soledad. Sin amigas, sin un tío con quien follar o pasear y tomar un refrigerio…

La solución era fácil, rápida y cómoda: Se dio de alta en *Meetic*. Hizo una bonita introducción de sí misma y colgó una de las fotos más sexys y recientes que tenía. Era una foto de plano medio en las que mostraba sus cuatro mejores atributos. Sus dos tetas bien puestas y sus dos preciosos ojos grandes grises, con ese brillo característico.

Estaba segura de que los hombres se volverían locos cuando vieran su foto. Seguro que colapsarían su buzón de correo. Miró los perfiles. Eligió sus preferencias entre hombres de veintiocho hasta treinta y cinco años con cabello, ojos verdes o azules, rasgos de hombre malote, cuerpo trabajado, sin hijos, con carrera…y les mandó un; *Hola que tal* a todos ellos.

Unas horas más tarde y ninguno de los varones atractivos a los que les había mirado tras la pantalla con ojos de deseo, le había devuelto el saludo. Se sintió ofendida. Seguro que había tías más buenas que ella en los escaparates de perfiles.

Mientras esperaba respuesta de los tíos con los que seguro no podría aguantar ni media hora sin derretir su entrepierna, los más feos, empezaron a saludarle y seguidamente lanzarle piropos.

No había tiempo que perder así que se puso con los feos para ganarles tiempo a los guapos. Parecían más simpáticos y originales. Se notaba que ninguna chica se lo ponía fácil.

Huía del tiempo y espacio para pensar, por ello detestaba la soledad. Últimamente la soledad le hacía una gran mala pasada, tendiéndole la mano.

En esas ocasiones, lloraba desconsoladamente, se odiaba, quería suicidarse. Lamentaba su vida, su presente y no se sentía preparada para afrontar su futuro. Sabía que no estaba bien, que tenía numerosas secuelas que sanar. Tantas y tan graves, que quizás, nunca podría ser una chica feliz, completa, sin miedos ni prejuicios.

Durante esa soledad, tuvo la forzosa obligación de pensar en su pasado y en el futuro que anhelaba y entendió algo que solía decir su madre y que la ponía histérica cada vez que lo sentenciaba. Por primera vez en su vida, estaba dispuesta a admitirlo.

Mamá tenía razón: había sido víctima de maltratos psicológicos. No lo había visto antes.

A parte de su imperiosa necesidad de tener sexo, tenía que perseguir otro objetivo: Sanar las secuelas. Sabía que era un trabajo tedioso, sacrificado, difícil y sobre todo caro.

Su motivación por retomar las terapias, se debía al gran cambio experimentado con sólo tres sesiones. Sabía que era duro, muy duro, pero lo que más miedo le daba era el cambio. El miedo a cambiar, el miedo a lo desconocido, a no estar preparada para lo que iba a venir tras sanar heridas. A veces entre su soledad y fuerte deseo de sexo. Se había llegado a cuestionar: Si había valido la pena el cambio o, tal vez, hubiera sido más feliz volviendo con Cristóbal. Haciéndole cambiar levemente ciertos hábitos. Parecía más cómodo quedarse con lo que lo malo conocido, que arriesgarse.

CAPÍTULO 4

Decidió asistir al terapeuta, el día que su hermana menor le comunicó que se iba a casar con su novio, con el cual apenas salía un año. Un sentimiento de envidia que había nacido hacía años, se acentuó con la misma avidez que un carburante responde con fuego al gasoil. Siempre maldijo a su hermana, le faltaba el respeto en público y maltratarla verbalmente sin cortarse si estaban sus amigas o su prometido, el cual, también había recibido alguna dosis de desprecio con su lenguaje no verbal.

De vez en cuando, su conciencia se despertaba y le hacía pensar.

—Mamá, creo que no está bien que odie a mi hermana, pero no lo puedo evitar y eso me hace mal— dijo en un momento de lucidez en el que dejó de estar poseída por su Cristóbal.

Hacía más de tres años, que se sentía vacía, esa sensación se iba acentuando y desde hacía unos meses estaba insoportable. No hacía más que llorar, quería morirse. Sumida en una profunda depresión, pedía a gritos, piedad, clemencia, mimos. Sin embargo, Cristóbal, no la soportaba cuando se ponía así. Se volvía intransigente, la llamaba cuentista, dramática. E incluso la amenazó con que si seguía montándole el cuadro de psicótica, la dejaría, en su vida no entraban los locos depresivos.

Los argumentos de Cristóbal, por primera vez, carecían de credibilidad. Su interior pedía a gritos, cambiar, ser feliz. Le había ocultado a Cristóbal su decisión de ir a un psicólogo, ya que sabía que no apoyaría esta idea. Se inventó que se había apuntado de nuevo a natación.

Osvaldo Pons era un terapeuta holístico proveniente de Argentina pero con parientes catalanes. De ahí provenía su apellido y quizás su escaso acento sudamericano. Dotado de una intacta reputación y con una extensa lista de espera para ser atendido, decidió tomarse una mañana libre ya que era la franja horaria de más flexibilidad según la asistente de Osvaldo.

Una vieja amiga del pueblo, hablaba maravillas de su terapeuta Osvaldo. Cuando le dio una tarjeta de visita y vio su nombre, le vino a la mente un señor vestido de mayordomo con una bandeja de bombones *Ferrero Rocher* colocados en forma de pirámide.

Al llegar a la consulta, sintió un fuerte deseo de andar de espaldas y volver por donde vino. El centro apestaba a incienso, de fondo se escuchaban unos fuertes y chirriantes mantras, cantados por niños. Bueno, eso más bien era berrear. A lo lejos, veía una gran sala con cojines en el suelo. Era tal y como lo imaginaba que eran las sectas. Manuela, mira que te gusta meterte en líos, pensó. A lo que sucedió un cúmulo de pros y contras superpuestos en la cabeza. Debía de tomar una decisión rápidamente, marcharse o quedarse, pero la decisión la debía de tomar ya. Antes de que la asistenta finalizara su conversación telefónica.

La asistenta de Osvaldo, era una mujer dulce, bella y con rasgos maternales. Imaginó que era su novia. Tenía un cabello rubio platino largo y fino, peinado con una perfecta trenza. Su semblante, le resultaba familiar. Esos pómulos, esa sonrisa, esos ojitos diminutos y azules. De repente, le vino a la cabeza a quien se parecía. Era idéntica a la actriz de "Memorias de África" y "Kramer contra Kramer"

— ¿Cómo se llamaba? ¡No recuerdo!

La asistenta, colgó el auricular y se dirigió a mí:

—Hola, ¿Manuela Murillo?

—Sí, soy yo —dijo.

—Siéntate unos minutos, Osvaldo no tardará en venir a buscarte.

¡Mierda! Pensó. Se había desconcentrado con pensamientos tales como el parecido de esa mujer a una actriz y el estridente sonido de los niños cantando repetitivamente esos tantras o mantras, no sabía cómo se llamaban, pero eran unos sonidos desagradables. Se había dispersado con la idea de largarse y dejar la idea de ir al terapeuta para otra ocasión. O mejor, encontrar alguno, menos pirado, menos argentino...respiró profundamente y se concentró por un minuto.

—No me vendría mal un poco de ayuda. Y si se trataba de una secta, en la primera sesión no me harán firmar para donar mis riñones en vida. No pasará nada malo. Además mi amiga del pueblo, me lo recomendó— se dijo.

Un señor alto, calvo, con rostro afable, vestido con una bata blanca y unos zuecos negros, salió de una sala. Se acercó a la mini cadena y cambió el CD. Menos mal. Ahora sonaban tiernos pajaritos y chorros de cascadas o fuentes. Era una música celestial, aunque le daban ligeras ganas de hacer pipí.

El señor se acercó a ella sigilosamente, como si flotara sobre esos zuecos.

—Hola Manuela, soy Osvaldo Pons. Y continuación le dio dos besos.

—Hola, encantada Osvaldo— dijo sin contener los nervios.

—Acompáñame por favor.

La sala de consultas de Osvaldo, no era la típica que suele salir en las películas, con diván incluido y librerías a los laterales. Era más parecida a la consulta del podólogo o el fisioterapeuta. Con su camilla, su poster con el plano de los pies, donde se ilustraban los puntos de reflexología podal, otro poster mencionando las flores de Bach, su mesa de trabajo con su radio cd, sus cajones donde guardar instrumental y una pizarra en frente de la camilla.

—Manuela, túmbate, relájate un poco, en menos de cinco minutos estoy aquí. ¿Quieres una manta?

—No gracias, pero si te agradecería que subas un poco el aire acondicionado—contestó.

Osvaldo, subió un par de grados la temperatura de la sala y dejó la puerta entre abierta. Incapaz de tumbarse y relajarse a pesar de que él la había dejado tumbada y colocado una fina manta sobre sus descalzos pies, reclinó el cuerpo y dejó que sus ojos de gato se pasearan por toda la sala sin perder un solo detalle del lugar. Se quedó mirando la ventana esperando que no tardara demasiado en volver. Deseaba terminar algo que ni siquiera había empezado. En ese instante le vino a la mente un nombre.

—Meryl Streep ¡Ah! Ese es el nombre de la actriz a la que esta señora se parece. ¡Ostras! es clavada la tía, pensó.

Osvaldo volvió unos minutos después como había prometido. Parecía un hombre muy cálido, con el que poder confiar.

—Bueno, cuéntame, ¿por qué has decidido venir?—dijo Osvaldo.

—He venido porque odio a mi hermana. Se llama Violeta, le tengo asco, es el error más grande de mi vida, yo no pedí tener una hermana, me está porculizando. Ahora resulta que la muy puta, se casa con un tío, que es un pringao de mierda, albañil. Tú te crees, la muy puta, un mes después de conocerlo, ¡Se va con él a Andorra! Estuve todo el fin de semana dejándole mensajes recriminativos, para que entendiera que las cosas no se hacen así. Lo peor es que su novio, Pablo ha empezado a frecuentar mi casa como un miembro más de la familia, come y cena con nosotros y se quedan los dos tumbados en el sofá pegaditos y dándose mimitos sin que les perturbe la compañía de mis padres o la mía. Esa situación se me hace insoportable, Cristóbal y yo habíamos tenido durante nueve años un comportamiento intachable frente a mi familia, nunca nos hemos mostrado cariñosos y si nos sentamos en el sofá guardamos la compostura. Además, la mayoría de fines de semana, mi hermana Violeta, se va a vivir a casa de Pablo, puesto que éste vive solo. Me hace pasar por cada aprieto, no se corta un pelo en darle besos delante de mis padres, tomarle de la mano, o ¡llamarle cariño!— dijo acalorada, sin ser consciente de que el acaloramiento había sonrosado su pecho y cuello y de que no marcaba pausas en sus argumentos.

— Háblame un poco más de tu novio—dijo el terapeuta.

—Sí, llevo con él casi nueve años, es de Madrid, nos llevamos excelentemente bien, estamos súper unidos a pesar de la distancia. Nos queremos mucho.

— ¿Y qué piensa tu novio de todo esto?

—Él piensa lo mismo que yo. Que mi hermana es una puta, su comentario suele ser que, mi hermana, la debe de chupar de puta madre y que él, debe de tenerla tan grande como la de Nacho Vidal.

— ¿Y qué opinión te queda de lo que dice él?

— ¡Imagínate! ¡Menuda vergüenza para mí!—respondió resignada.

—Explícame una cosa Manuela, ¿Qué es lo correcto para ti y para tu pareja? ¿Qué tipo de relación tenéis?

—Pues, controlamos nuestros impulsos delante de nuestros padres, además, rara vez organizamos viajes juntos, y si lo hacemos, volvemos a dormir a casa. A mí, me da pena, porque, me encanta viajar, no me quiero morir sin ir a Viena y a Roma, pero Cristóbal piensa que no debemos dar que hablar a nuestros padres mientras no estemos casados. Sin embargo, mis padres, no han dicho nada cuando mi hermana y su novio se han ido de vacaciones a Andorra, es más, mi padre, ¡les ha dejado el coche! Y eso a mí me ha puesto la sangre en ebullición. Seguro que follarán en el coche de mis padres. ¡Será coneja!

Osvaldo movía sus dos brazos, mientras sacudía su cabeza, doblaba su rodilla, colocaba unas ampollas sobre su barriga, unos imanes sobre su cabeza, unas agujas en puntos extraños como su coronilla, dedos del pie, muñecas…

—Debes de tomarte estas gotas, son flores de Bach. Durante unos días empezarás a experimentar cambios de humor, ganas de dormir mucho, llorar por cualquier cosa, debes dejar que todo fluya para poderte curar—dijo Osvaldo.

Salió de la consulta flotando, con un colocón en su cuerpo, similar al de acabarse de fumar un porro. Mientras conducía un pensamiento nublo su bienestar:

Seguro que este capullo piensa igual que mi madre, que con el tratamiento acabaré dejando a mi novio. Serán ilusos. Pensaba en sus adentros de vuelta a casa con un estado extremadamente relajado.

Para ella, el odio a su hermana, no tenía nada que ver con su relación estable. Nueve años de amor, le habían dado conformidad, solidez y certeza absoluta de que no existía otro mundo mejor que el que tenía. Y de haberlo, no merecía algo mejor. Era una tía del montón.

No fue demasiado consciente de los resultados de dicha terapia. Las terapias de Osvaldo, eran únicas. Mezclaba muchas disciplinas en una misma sesión. Trabajaba con flores de Bach, colorterapia, kinesiología e imanes. Hacía correcciones en el campo energético de un carácter tan sutil, que ni el paciente mismo, llegaba a ser consciente hasta pasados unos días.

Dos días después, debido al primer tratamiento con Osvaldo, Manuela pedía perdón a su hermana Violeta, con lágrimas en los ojos, pero seguía pensando, que era una casquivana.

Dos semanas más tarde, sentía que, era peor el remedio que la enfermedad. Estaba siempre llorando y compungida, no sabía de qué. Se sentía débil y sin fuerzas para ir a trabajar. No hacía más que dormir y dormir.

La asistenta de Osvaldo, —"Meryl"—, le había programado la segunda sesión para un mes más tarde. Según Osvaldo, el tema era serio y era importante que no pasara demasiado tiempo sin seguimiento. Las únicas horas disponibles con un mes de antelación eran las de la mañana, así que de nuevo, hizo pellas en la ferretería de sus padres.

En su segunda visita, Osvaldo comprobó un gran cambio en su aspecto. Si anteriormente tenía un largo cabello color rubio platino, ahora llevaba el pelo color negro azabache y corto como el de un chico. El cambio de look, resultaba muy frecuente en los pacientes reticentes al cambio interior. Ya que era un acto de valentía, algo que empezaban a experimentar y solían retarse primero con su aspecto físico. Osvaldo estaba satisfecho de los pequeños avances. Sería un proceso bastante largo, pero de momento no iban mal.

En esa segunda consulta se concentró básicamente en la relación de su pareja:

—Dime Manuela, ¿Qué es lo que más te gusta de tu pareja? ¿Y qué es lo que más te disgusta?

En ese momento, soltó su gran frustración, su agotadora lucha, esa batalla que no parecía que fuera a ganar, motivo primario de sus discusiones con Cristóbal, por encima del hecho de llevar escote o de no adelgazar:

Hacía siete años, justo cuando a la peseta le quedaba un año de vida, había habido un gran número de gente que había decidido invertir sus bienes en suelo. En esa época, los padres de Cristóbal, habían comprado dos chalets en Velilla de San Antonio, Madrid. Uno para su hija y otro para su hijo. Los chalets eran enormes, cada uno con un vasto jardín, cuatro habitaciones, una preciosa azotea, garaje, cocina y salón con chimenea.

En aquel tiempo, Manuela solo tenía veintiún años. No tenía otra ambición más que huir de su pueblo, casarse y ser madre joven. Poco tiempo tardó en ir contando a la gente que se iban a casar muy pronto. Estaba contenta, como mujer, no había otra cosa que le completara más que convertirse en madre y esposa. Sin apenas darse cuenta, había dado el braguetazo. Viviría sin necesidad de pagar hipotecas, tendría dos hijos, quizás tres y todos tendrían una habitación donde jugar y un jardín donde celebrar cumpleaños. Manuela soñaba despierta; en su jardín imaginaba una de esas colchonetas hinchables con forma de castillo y todos los niños del barrio invitados por sus hijos a saltar y comerse un buen pastel; comprado en una de las mejores selectas pastelerías de Madrid, llamada Mallorca. Porque sería una tía muy pija y coqueta, de esas que pasean por la castellana con un abrigo de visón.

Un mes después de que los padres de Cristóbal adquirieran los dos chalets de Velilla, una interesante noticia paralizó los planes. Los constructores, habían comprobado que las casas de esa ladera, tenían cavidad suficiente para hacer un sótano, pero ello, iría en desigualdad con los chalets de la otra calle pertenecientes a la anterior promoción. Además, las casas ya estaban tasadas, por lo que simplemente, mantuvieron el hueco del sótano pero lo taparon con cemento. Era una interesante opción para todos los propietarios de chalets ubicados en dicha manzana. Tanto los padres de Cristóbal como él mismo, parecían extremadamente ilusionados con construirse un sótano.

La madre de Cristóbal, se comportaba como si los chalets fueran suyos. Nada más cerca de la realidad, puesto que sí; eran suyos. Los había pagado con su sudor, estaban a su nombre, pero, se los había regalado a sus hijos. Esta tesitura le permitía meter las narices hasta el interior de un sótano tapiado con cemento. Parecía ser ella la que iba a decorar la casa. Sus gustos eran terriblemente estridentes, quería colocar una lámpara de araña en el baño. No en vano, era de etnia gitana y para ella algo bonito debía tener cromados dorados volantes en las cortinas muchos abalorios...Cristóbal dejaba a su madre hablar y hablar y hablar… podía pasarse así horas enteras…pero él no le plantaba cara, no le decía; "Cállate mamá, déjame hacer a mí lo que se me antoje en la casa, puesto que al fin y al cabo, tú no vas a vivir allí..." Manuela montaba en cólera por dentro, controlaba la ira delante de su futura suegra. Cuando ella se marchaba Manuela se enfrentaba a él.

—Pero ¿por qué no le dices que se calle la boca? ¿Va a ser ella la decoradora de nuestra casa?, ¡Porque yo no quiero una lámpara de araña en el baño! Y tampoco quiero comprarme los muebles en la tienda de Segovia donde ella dice, me da igual que los muebles sean preciosos, no quiero hacer lo que ella me mande.

—Claro que no, cariño, déjala en paz, si ella es feliz diciendo lo que tenemos que hacer, hazte la loca, tú dile a todo que sí, luego nosotros haremos lo que nos dé la gana.

Pero a pesar de las palabras de Cristóbal, que la despistaban un poco, las decisiones eran siempre filtradas por su madre. Antonia, opinaba que era de vital prioridad habilitar ese sótano antes de vivir en él. Algo que ella no lograba entender. La casa tenía cuatro habitaciones y cubría las necesidades vitales para dos personas e incluso cuatro, en el caso de que la familia aumentara. Además las obras del sótano, significaba invertir al menos en unos 25.000 €, dinero, que, en ese momento, ninguno de los dos tenían. Por otra parte, la casa pedía algunos arreglos a gritos, como hacer un tejado en la galería, limpiar las piedras, cemento y madeja del jardín. Pintar la forja color naranja de negro y sobre todo, comprar una verja más alta. La que había, era tan bajita, que se encestaban los balones en el jardín y los niños saltaban a la casa deshabitada de un salto. Las ventanas también necesitarían de rejas, chalets tan nuevos, eran la atracción de cualquier aficionado ladrón y Cristóbal era un obsesionado en la seguridad. Así que éstel, tenía que ahorrar mucho más dinero para pequeños arreglos y más adelante ponerse a fondo con el sótano.

Siete años después de que sus padres adquirieran las dos casas, Cristóbal había arreglado el tejado de la galería, tapiado una puerta que daba al exterior, comprado una puerta de garaje más segura y colocado unas rejas con formas variadas.

Manuela no había invertido ni un solo euro en los arreglos del hogar, algo que los dos encontraron lógico desde un principio.

Discutían muchísimo, siempre se acababa haciendo lo que él decía. Durante esos siete años, las broncas que imperaban eran siempre vinculadas con el sótano. Pero no eran las únicas. Eran una pareja sentenciada al fracaso a pesar de llevar aguantándose ya casi nueve años. Manuela no entendía por qué debían esperar a tener el sótano acabado, casi todos los meses le preguntaba:

— ¿Cuánto dinero tienes en el banco? ¿Cuándo crees que te podrás poner con el sótano?— pregunta que él se negaba a responder.

—No lo sé Manuela, eres una niña exigente, has nacido para estar con un millonario. Yo no puedo llevar tu ritmo, lo quieres todo. Cuando vienes a mi casa, te da asco la comida de mi madre y siempre estamos yendo a restaurantes caros, además tienes un gusto muy exquisito con potingues, bolsos y vestidos de firmas caras y yo no puedo evitar querer comprarte cualquier chuchería; me encanta la cara que pones cuando pasamos por la tienda de Carolina Herrera —

—Pues, ¿Por qué coño no pides un préstamo al banco? Serán solo 30 mil euros, eso no es nada y yo te ayudaré a pagarlo cuando vivamos juntos, ¿No entiendes que me muero de ganas de vivir contigo? Tus padres compraron esa casa cuando llevábamos saliendo dos años y ahora llevamos nueve años juntos. ¿No te parece lamentable que los cimientos de esa casa se han asentado y las paredes ya tienen hasta grietas? —

Esta bronca era la tónica de cada año. No cambiaba, el argumento siempre era el mismo y ninguno de los dos, daba el brazo a torcer, así que acababan por colgarse el teléfono y estar unas horas a solas hasta que se apaciguasen las aguas. Al cabo de unos días, uno buscaba al otro como si nada hubiera sucedido.

CAPÍTULO 5

Los años, habían endurecido el rostro de Manuela, llevaba mucho tiempo planteándose un suicidio, últimamente la idea le parecía la mejor, solo deseaba morir. Pero le faltaba coraje.

Para Osvaldo, no era la primera paciente víctima de malos tratos, que no fuese consciente de ello. No era de extrañar que Manuela no viera el foco del mal. Las mujeres no son conscientes del maltrato que sufren, al igual que no lo son los hombres, los cuales no comprenden cuando se les señala que sus conductas por acción o por omisión, ocasionan daño físico y/o psicológico.

Los modelos violentos en la familia de origen vienen a través de una estructura familiar autoritaria y verticalista con un aprendizaje de roles de género estereotipados.

Manuela provenía de una familia estricta, con un padre dictador, parco, poco cariñoso, que poseía una fuerte e imponente voz para cualquier argumento, ya fuera una pregunta o una afirmación. Algo que desestabilizó las emociones de una sensible Manuela que, desde su infancia, cada vez que éste se dirigía hacia ella, se bloqueaba. No sabía si ese día se iban a sortear tortas castigos o simplemente estaba de buen humor. Nunca distinguió el tono de su padre. Para ella era el mismo registro de voz. Ya fuera para instruir o educar a su hija.

Mientras el orador hablaba gritando y mostrando una gran frustración por su hija, el emisor, Manuela, le miraba fijamente, atemorizada, controlando ese leve temblor interior y sin poder controlar aquellas lágrimas que afloraban.

Sin embargo, su hermana Violeta, mucho más joven que ella, manejaba la situación mucho mejor. No se llegaba a sentir tan intimidada o humillada cuando su padre la reñía. Tenía el don de distinguir cuando estaba de broma y era guasa de cuando verdaderamente estaba irritado.

En el mundo de Manuela, como en el de muchas mujeres víctimas de los malos tratos, la forma de solucionar conflictos es violenta.

El padre de Manuela nunca entendió que su hija necesitara de un padre motivador, que le hablara de una forma más dulce. Un padre con más paciencia.

Este perfil de mujer, rara vez aspira a otro estereotipo de hombre como pareja porque, durante toda su vida, han carecido de modelos sociales que actúen como reforzadores negativos de la violencia. Hablamos de mujeres pasivas, débiles, dependientes, sumisas, emotivas, sentimentales, hipócritas, susceptibles, obedientes, cálidas, y rutinarias. El estereotipo del hombre en cambio son: activos, independientes, dominantes, poco emotivos, intolerantes, no piden ayuda ni protección; puesto que son creativos y saben resolverse. En ambos estereotipos, suelen siempre haber antecedentes violentos en la familia. No identificados como abusos. El problema que solía encontrarse tanto Osvaldo como muchos otros psicólogos y terapeutas era la carencia de conciencia social. No nos han enseñado en la escuela lo que significa La violencia doméstica. No nos han dado un dossier en el que se distinga de diferentes tipos de violencia. Por ello, la tolerancia social en conexión con la violencia de género y la historia personal de la mujer maltratada, pueden dificultar la identificación de los abusos. Esta tolerancia puede estar presente y actuar directamente en el contexto social de la mujer, en su entorno laboral, sanitario, educativo. Dificultando la ayuda por la identificación preventiva de los abusos. No solo existe el abuso físico, sino del emocional y sexual e incluso medioambiental.

Una de las pacientes de Osvaldo, sollozaba que su marido tenía por costumbre conducir a toda velocidad. Para Osvaldo, el comportamiento del agresor, era una forma fácil de cebarse del pánico de su víctima. Esa misma paciente apareció una mañana en la consulta, sin cita previa, estaba desolada su marido había provocado la muerte de su querido periquito. Su mujer había aprendido a vivir con esos preciosos canturreos. Cada vez que el periquito la veía, empezaba un canto inacabable que ella agradecía. Le había domesticado y salía de la jaula posándose sobre ella sin miedo. Sin embargo, cuando el ave escuchaba los gritos del patriarca callaba aterrado.

El problema en los malos tratos estriba en que, no son únicamente físicos. En el caso del abuso emocional; como le ocurría a Manuela, suele reflejarse con insultos, amenazas, críticas, obligación de hacer las cosas bajo amenazas, humillaciones o bromas hirientes tanto en privado como en público, culpabilizar lo que pasa, incluso siendo cosas absurdas. Desconfiar de forma evidente de todo lo que hace o dice, ridiculizar sus gustos, aficiones y opiniones, exigir que adivinen sus pensamientos deseos y necesidades.

Al principio de una relación, el agresor trata de proteger a su pareja y esta se siente feliz. La manipulación y agresión empieza con sutiles pinceladas, sin importancia. Pasado un tiempo, se crea una fuerte vinculación entre víctima y agresor en la que es muy difícil para ésta, reconocer la nocividad de dicha relación. Mucho más cuando hablamos de individuos dependientes emocionalmente.

El establecimiento de la violencia como forma habitual de relación, dificulta la identificación del abuso por parte de las víctimas que progresivamente pueden perder la capacidad de pensar y actuar libremente. Si Manuela, durante su relación con Cristóbal, alguien le hubiese hablado sobre los malos tratos, se hubiera sentido atacada y no hubiera permitido escuchar los matices del perfil de un agresor.

Otros estereotipos del agresor, sin necesidad de violencia física es el de

Exhibirse desastrado sucio y mal vestido para molestarla. Hacerla sentir inútil, débil ignorante e incompetente. Manifestarle menosprecio por ser mujer. Conseguir que obedezca bajo gestos, ruidos y miradas. El agresor, siempre quiere tener razón y su última palabra debe primar, la induce al suicidio y amenaza con el suicidio para controlarla, la acusa de infidelidad, le demuestra odio o amor alternativamente, prepara un clima de terror que la inmoviliza. La violencia doméstica implica formas de abuso ejercidas unidireccionalmente por la persona que ejerce el rol de poder dentro de la pareja, La habitualidad agravia el daño y refuerza el agresor. En su violencia crea un clima de permisividad y de aprendizaje de violencia en sus hijos o hijas.

Osvaldo continuó haciendo correcciones de kinesiología y le colocó dos grandes imanes en la cabeza. Parecía tener las cosas muy claras, para ella, era un visionario, porque no entendía nada de lo que hacía.

—Manuela, no es normal lo que cuentas. Si alguien te quiere, le da igual vivir con o sin sótano. Cuando me divorcié, me fui a vivir a una casa que no tenía puertas ni calefacción, ni cama. Dormía en el suelo con una manta, al lado de la chimenea. Poco a poco fui aclimatando esa casa, pero prefería eso, a vivir con mi ya ex pareja.

Manuela quedó muy pensativa, Osvaldo le decía lo mismo que toda la gente que tenía a su alrededor. El hecho de que un terapeuta le hablara así, la hacía sentir, que no tenía a la gente a su contra. Por primera vez, sentía que la equivocada era ella.

En la tercera consulta había conseguido convencer a su pareja (la cual desconocía que estaba haciendo terapia) que debían viajar. Ella ya tenía veintiséis años y el veintinueve, no habían salido de España y ya era el momento. Así que en ese verano visitaron su ciudad predilecta: Roma. Además de realizar excursiones de un día a Florencia y otro a Nápoles donde pasaron por la coqueta isla de Capri.

Estaba consiguiendo retos imposibles, con su cabezonería. Pero nada que ver con el objetivo final. Osvaldo intuía que necesitaría mucho tiempo para derrumbar una torre de cimientos tan sólidos e irreales. Llegaron a la conclusión de que siempre se hacía lo que él decía, como él lo decía y cuando él lo decía. Confesó con frustración, que las únicas decisiones de peso que asumía, eran decidir qué tipo de jamón o salmón comprar, en qué pizzería que se le antojaba en ese momento cenar, qué CD de música era el que le apetecía escuchar y nimiedades similares. Sin embargo, él llevaba la voz cantante en todo lo demás.

Osvaldo estaba furioso, pero ella, no entendía el motivo, parecía que trataba de explicarle algo, la miraba y sentía rabia. Eso la hacía sentir insegura, con ganas de abandonar la consulta. Sabía por qué era…había visto esa expresión en los ojos de su padre. Era la expresión de impotencia cuando el tiempo pasa y después de nueve años, su hija y Cristóbal aun no vivieran juntos.

—Entiendo tu expresión, es lo que más detesto de Cristóbal. Si pudiera lo estamparía contra la pared hasta hacerle entrar en razón.

—Llevo más de ocho años, escuchando en cada boda a la que nos invitaban a mí y a Cristóbal la dura pregunta de:

—*Y vosotros, ¿cuándo os casáis?*

—*La siguiente boda, ¿es la vuestra?*

—Cada vez que me hacen dicha pregunta, se me cae el alma a los pies, Cristóbal es más frívolo y siempre responde con su tono sarcástico:

— *Estoy esperando que me mantenga—.*

—Yo en ese instante, deseo asesinarlo a sangre fría. Mi interior sabe que esa frase carece de honestidad hacia mí. Esta situación chirria con mi carácter, transparente, que cada vez que preguntaban…no sé decir otra cosa que la verdad, una verdad disparatada que he estado manifestando con tono conformista durante 9 años:

—*Es que Cristóbal, se quiere hacer un sótano en la casa que tiene, y necesita mucho dinero, y de momento está sin blanca porque ya hemos hecho varias reformas a la casa y además, nos hemos ido de vacaciones a Italia este verano, pero yo ya le digo que no es necesario que a los dos nos sobra casa, pero él dice que mejor que hagamos la obra antes de habitar la casa, para evitar mermas en los muebles y vivir con obras es estresante—*

—Esa densa y explícita explicación, surge con gran fluidez en mí una media de una vez por día; a viejos amigos, familiares y sobre todo clientes de la ferretería de mis padres y encima tengo que aguantar sus ironías de:

— ¿Aún vas con el madrileño?

—Osvaldo, empiezo a percibir que en vez de un novio llevo una losa en la espalda.

—Dime Manuela. ¿Cómo definirías el sexo con tu novio?

—Bueno, creo que bueno, no lo sé, no le doy demasiada importancia al sexo. Además nos vemos poco y carecemos de intimidad.

— ¿Crees que es cariñoso contigo?

—Sí, creo que sí.

Osvaldo no dijo nada más. En ese instante, Manuela empezó a temblar y llorar. Osvaldo la abrazó con extremo cariño y preguntó.

— ¿Por qué lloras?

—Tengo miedo a estar sola— contestó sin reprimir sus lágrimas

—No estás sola Manuela, no estás sola— dijo susurrándole al oído mientras la abrazaba y apartaba sus lágrimas mirando su gélido rostro que sólo visualizaba pánico.

La terapia fue extremadamente intensa, se llevó consigo

una frase, que trató de entender con el tiempo: "hay veces que alguien se toma un rico café o un sabroso cigarro y no se entera, no lo disfruta"

Pero los resultados no eran positivos en su vida en pareja. Empezó a tener si cabe, una relación mucho más tormentosa con Cristóbal. Discutían día sí y día también. Estaba empezando a sentir asco por su pareja y había decidido no volver más a esa cuna de gitanos —así denominaba al hogar de sus padres.

Desde esa tercera y última terapia, no cesaba de preguntarse: ¿Existía amor? estaba convencida de que más que amor, era veneración, necesidad de protección.

Dos meses después, se sintió tan abrumada, que decidió no regresar a la siguiente terapia. Al otro hilo del teléfono, se armó de valor para comunicarle a Osvaldo que estaba muy bien, que ya no necesitaba seguir con las terapias. Ya no era capaz de seguir viajando con el tren desde Asturias hasta Madrid. Andar por el andén de Atocha, empezaba a asemejarse al corredor de la muerte. Encontrarse con el poco atractivo y desastroso de Cristóbal esperando entre la multitud. Tener que ser dulce, abrazarle y hacer como si estuviera súper contenta de verle cuando realmente sentía cada día más asco.

CAPÍTULO 6

Diario de Manuela Murillo

Mi par de nuevas tetas, son perfectas, dos perfectas montañitas simétricas nevadas por un rosado pezón. Tengo que acostumbrarme a ellas, aunque creo que ya me estoy acostumbrando en exceso, porque últimamente, cada vez que salgo a bailar, saco tetas y culo, lanzando el mensaje subliminal de que estoy buena, algo que acabé de descubrir hace poco, que soy carne fresca poco sobada y sobre todo que quiero ser follada cuanto antes. A veces me gustaría llevar tatuado un letrero que diga: "solo he follado con un tío y la experiencia fue tediosa". Así los hombres tendrían piedad de mí. Y los que follan mal, se lo pensarían dos veces. Aunque, son depravados, no lo harían, pero...

*   *   *

Tuve la suerte de no nacer en un lugar equivocado, pero esa suerte, dio una vuelta de tuerca y aquí estoy, en un pueblo de Asturias; Pravia. Lleno de naturaleza, vacas, pastos, ancianos vestidos de negro, ellas con su mandil almidonado y ellos con su boina, sonrientes muestran su único diente. Te repasan de arriba abajo cuando sales de tu casa y te preguntan si sigues moza y sobre todo, gente de pueblo excelentes cocineros, expertos en servir copiosas comidas. Aquí, no basta con un primero para comer y una pieza de fruta. Aquí se comen unos cuatro platos cuando se reúnen. Además del postre, y la fruta, que no es lo mismo eh... postre es una cosa, luego hay que dejarle un hueco a la fruta, ah, y como no al orujo, eso que no falte, casero como no. Aquí todo es casero. O se ordeña o se pesca o se mata, para después cocinar.

Y cuando hacen matanza...Madre mía como nos ponemos con la matanza. La mayoría de las casas, tienen una cámara acondicionada para almacenar la carne de la matanza.

Aquí es imposible hacer dieta. Si no te comes lo que hay en el plato, te miran como si fueras un desagradecido. Te sueltan el rollo de que así no vas a crecer, que hace un frío del carajo, que tienes que nutrirte. ¡Si nutrida estoy! Ahora me he apañado un poco; suerte que dejé a Cristóbal porque este también me cebaba. Tengo el culo de pollo, pero dos años después de vivir aquí, se me puso el culo, igual de grande que la campana de la parroquia de Santianes. Eso, si, la celulitis, no se me ha ido. La grasa animal de tanta matanza quiere vengarse de mí y anida en mis piernas.

Asturias es preciosa, tiene su aquel... la gente es encantadora, servicial, generosa, tiene enclaves preciosos donde me encanta perderme y pensar que estoy en Baviera. No echo de menos la montaña ni los lagos, los tengo aquí. Pero seamos claros: yo soy una urbanita. No necesito beberme la leche recién ordeñada. Prefiero las cosas más inertes y con su tratamiento aséptico. Me gusta colgarme por debajo de las calles, como un topo y aparecer en la otra punta de la ciudad. Me gusta salir a la calle con un sombrero rojo y unas flores secas, unos calcetines blanquitos, sobre unas chanclas y que la gente ni siquiera te mire. Sí, soy una de esas guiris que llevan calcetines y chanclas. No tenéis ni idea de lo cómodo que es, cuando lo descubráis, dejareis de criticarnos.

De esta forma, se protegen los pies de la polución y las bacterias, además de que no te suda tanto el pie. Para mí, sandalias con calcetines es algo tan normal, que alguna vez aquí, en Asturias se me ha olvidado quitarme los calcetines y he salido toda cómoda de casa y alguna amiga me ha dicho: —Manuela, yo contigo así, no voy a ningún lado.

No soy nada rural. En mi casa no pienso ni siquiera tener plantas.

*   *   *

Uno de los chicos del meetic que interactuaba más conmigo, tenía como Nick "pussycat", tras saludarme, confesó su verdadero nombre; Hugo

Sus primeras frases fueron:

—Tienes unos ojos de gato atrapantes.

—Pues tengo otro par de atributos más bonitos— contesté.

— ¿A qué te dedicas?— le pregunté.

—Soy Ingeniero de caminos. Te paso, mi teléfono y mi dirección de correo electrónico, me gustaría verte a mi vuelta. Viajo a Lisboa, estaré allí una semana, y luego tengo un congreso en Córdoba, en fin, viajo mucho por mi trabajo, pero no me disgusta, disfruto con lo que hago —

Su soltura, me dejó impactada, ¡qué personalidad!, ¡qué fácil se le hacía ligar! ¡Con lo difícil que se me hacía a mí! No me atreví a llamarle. No supe de él hasta dos semanas después, le agregué a mis contactos del Messenger, no me quitaba la idea de conocerle, fuera como fuese, pero no quería llamarle por teléfono, sonaba muy alarmante, prefería tantear el terreno, mediante el chat. Quizás me había tomado el pelo y era un representante de libros de cocina bueno eso tampoco me importaba, ¡Pero le conocía de un chat! Necesitaba más datos.

Una noche le vi. Conectado y sin dudarlo, le escribí:

—Hola que tal, ¿te acuerdas de mí?

—Un poco cansado, estos congresos son un rollo, por supuesto que me acuerdo de ti, eres ojitos de gato—

Hasta aquí la conversación fue correcta, pero lo que le siguió me pareció inconcebible.

—Mándame una foto tuya, estoy cachondo, y probablemente me estimule tu foto a tocarme—

¿Será guarro? Pensé. Pero, no lo dudé y le mandé una foto que salgo enseñando escotazo.

—Eres un poco guarrete...

—Bueno, soy como todos, ¿o crees que es raro tocarse?—

— Noooo, yo también me toco y bastante, hace mucho que no estoy con nadie y suelo estar cachonda a menudo.

—Chica sincera, lo que pasa es que nadie lo manifiesta, pero es una necesidad fisiológica.

Hubo un momento, en el que me dieron ganas de abandonar la conversación puesto que me parecía un enfermo mental adicto al sexo, al cabo de unos minutos pensé que debía de ser un chico interesante, que importaba si le gustaba el sexo, ¿A quién no?, además, me apetecía conocer a alguien que le gustara mucho el sexo, estaba fogosa por estar con un hombre y descubrir nuevas sensaciones.

Empecé muy a menudo a tener conversaciones con Hugo por chat. No nos dábamos cuenta de las horas que pasábamos hablando, a veces eran las tres de la mañana, y yo estaba frente a la pantalla riéndome de sus historietas, o ruborizándome de comentarios subiditos de tono. Tras densas charlas, obvié que Hugo sólo buscaba sexo.

Le dejé claro que era medio virgen, que tenía un gran miedo escénico a que me vieran desnuda, puesto que solo había estado con un hombre. Además le enfaticé que no había hecho de casi nada...que estaba un poco verde.

Me mandó un par de fotos, y no sentí ninguna atracción especial por él, no era mi tipo.

—Bueno, háblame de ti— le pregunte.

—*Vivo solo, tengo un descapotable amarillo, me encanta la música house y soy un golfo vividor*—

No era mi príncipe azul, para qué seguir conociéndole, pero me quería hincar el diente y yo estaba dispuesta. ¿Qué mezcla de sentimientos? Así que le dije:

—*Hugo, me pareces un chico muy divertido y con pinta de ser un gran amigo, me gustaría muchísimo conocerte pero te aseguro que no me atraes.*

Pensé que abandonaría la conversación pero se lo tomó como si estuviera acostumbrado a que las chicas le dieran calabazas y contestó:

—*Vale, quedaremos y no te mirare el trasero, ni el escote, por tu parte no te pondrás falda cortita ni pantalones ajustados, pero yo si me pondré unos pantalones bien marcaditos que tú no podrás evitar mirar*— Me hizo reír de nuevo.

Cada día dudaba más de si realmente quería sexo con él. Había vivido durante toda mi vida llena de limitaciones respecto al sexo, sólo había estado con un hombre y la idea de estar con otro, me resultaba muy difícil, él estaba facilitándome un camino que nadie antes había facilitado, así que podríamos tomarlo como mi instructor en sexo. Sus divertidas sugerencias, me parecían escandalosas. Quizá no hiciera falta comprar ningún libro de sexo y la solución era pasar de la teoría a la práctica.

— *¿Has llegado a metértela tan dentro que has tenido que vomitarle encima?*

A lo que yo tajante respondía que no, que nunca en mi vida se me habían ocurrido semejantes ideas. Pero a la vez, estaba despertando mi apetito sexual de probar cosas nuevas y ser mejor amante. Después de un mes hablando por Messenger, quedamos una tarde a tomar un café. Ese día tenía claro que no iba a haber sexo, pero debía de haber una pequeña introducción antes de llevarse el gato al agua. Me gustaba su seguridad, y su personalidad, algo que a mí me faltaba y debía curtir. Como siempre, nos inclinamos con conversaciones subiditas de tono erótico. El *veía que me comportaba como si hubiera dejado los hábitos hacía unos meses y quisiera pasar de novicia a ser una Diosa en la cama. Me ruborizaba de todo, pero a la vez no cesaba de confesarle mis fantasías y preferencias.*

El encuentro surgiría cuando su agenda se lo concediese, yo estaba disponible, full time. Fue un domingo. Llegaba el momento de entrar en acción, estaba espantada, sabía que mi cuerpo era bonito estéticamente, pero no me sentiría segura desnuda. No era capaz de tomar el control de la situación junto con alguien mucho más seguro y experimentado que yo. ¡Sería la primera vez que un tío tocara mis nuevas tetas!

Llegué a su casa atacada, no lo podía disimular, no paraba de hablar aceleradamente de chorradas como:

— ¡Qué difícil se me ha hecho aparcar! He puesto el coche en segunda fila, pero esta calle es ancha, ¿No habrá ningún problema? por cierto, he dado varias vueltas hasta encontrar tu calle siento llegar más tarde de lo previsto, bueno yo suelo ser puntual siempre, soy Alemana, pero claro, no conozco muy bien la ciudad, y si a eso le añades lo mala que soy con la orientación.

Hugo me hizo callar besando pasionalmente mis labios, dejándome sin aliento, un aliento que estaba conteniéndose porque acabada de decir muchas palabras sin respirar.

—Siéntate aquí— Me dijo señalando un reposapiés del salón.

Él se sentó de espaldas a mí y, acariciándome los senos, desabrochó mi sujetador y me lo quitó sin desprenderme del yérsey.

—Levántate—

Obedecí como si de mí amo se tratase, prosiguió sus órdenes pidiéndome que me diera la vuelta para verme el trasero y su siguiente orden fue:

—Quítate el pantalón—. Obedecí pensando que poco estético quedaba quitarse un pantalón delante de un desconocido.

—A ver date la vuelta— obedecí horrorizada.

—*Buen culo*— *dijo Hugo.*

Pensé que mentía para que me relajara, puesto que a pesar de tener un buen trasero, tenía algo de celulitis en los glúteos.

Hugo, muy a pesar de las apariencias, fue cariñoso, me acarició, me habló pausadamente y con un tono suave, me acarició levemente el clítoris, introdujo sus dedos en mi interior y en ese momento recordé que llevaba dos anillos gruesos de plata, que también estarían en mi interior, pero su habilidad en friccionar me hizo olvidarme de todo y me dejé llevar. Fue constante y a pesar de deducir que había tenido un orgasmo, continuó estimulándome hasta que yo no pude más.

Me llevó a su habitación, era un hábitat que le caracterizaba bastante, una cama de dos metros, con un gran marco dorado como cabezal, de estilo rococó y un tul color rojo enroscado en él. Hugo estaba desnudo pero yo no me atrevía a mirar su sexo por vergüenza, aun así cogió mi mano y la transportó a sus testículos. El tacto, me hizo notar que estaba rasurado y me pareció lúdico para mi vista ver su aspecto. No había tenido demasiados referentes para catalogar el tamaño de los genitales, es más, era la primera vez en mi vida que tocaba unos. Cristóbal nunca me dejó tocar los suyos. Y el tacto era verdaderamente agradable.

Parecía que llegaba su turno de placer, estaba aterrada, entendía la sensación de la primera vez de una prostituta a la que la han obligado a serlo incondicionalmente. Coloqué mi boca sobre su miembro viril, Hugo, empujaba mi cabeza contra él. Llegué a sentir una leve arcada, pero respiré por la boca y me acomodé a esa sensación. Supongo que fue consciente del mal rato que pasé, cuando en una pausa mis ojos vidriosos le miraron con rostro de pena. Le dio igual, siguió empujando su miembro contra mi garganta. Hacía horas desde mi última ingesta, así que no eché la pota, pero tuve varias arcadas. Hugo culminó en el interior de mi garganta, nunca nadie había hecho eso antes. Ahora ya era tarde para sentir asco.

Me volvió a llevar a su cama y de nuevo volvió a estimularme con sus dedos. Nunca me habían metido los dedos tan adentro de mi ser. Era muy agradable. Fue la primera vez que tenía un orgasmo con los dedos de un hombre en mi interior. Luego colocó un vibrador que tenía guardado, y siguió jugando. No estaba predispuesta a más sexo, no me relajaba, nunca había hecho todas esas cosas, así que pasados unos minutos le pedí que parara.

—Mira, no quiero que te hagas ilusiones conmigo, viajo mucho y soy muy independiente— dijo mientras acariciaba mi pubis

—Tranquilo, por mi parte tampoco quiero atarme, ni que me engatusen, me gusta que seas sincero —le dije.

—Bueno, si no te importa, es tarde y tengo que plancharme una camisa para mañana—

Me estaba echando de su casa de una manera correcta, pero su frase hizo que me sintiera un poco mal. Me vestí y pensé que me lo había hecho tan bien, que debería pagarle, igual era un profesional y yo no lo sabía, y él pensaba que yo debía haber leído entre líneas que lo era, pero, solo llevaba 30€ en la cartera y con eso no tenía ni para empezar. Me había tocado en sitios que nunca nadie lo había hecho antes, y sin necesidad de penetración, me había generado un gran placer, pero Hugo, no me cobró, (suerte, porque solo llevaba treinta euros en la cartera) me acompañó hasta el ascensor y se despidió con un beso en los labios.

Por el camino hacia casa, meditaba sobre lo sucedido, y me sentía mal, eran las 23:00h de la noche, me había echado de su casa. No podía aparecer a esas horas por casa y decir que no había cenado. Sospecharían...

No me gustó la situación de su mamada y me pareció un chico un poco frío. Soy una puta, tenía razón mi ex. Soy una puta, me comporto como una puta. Me sentía sucia, deseaba lavarme los dientes y hacer gárgaras.

Pero curiosamente esa sensación se fue extinguiendo en mi subconsciente y mientras me iba a la cama, empecé a sentirme mejor, pensando en el buen rato que me había hecho pasar.

Al día siguiente, por la noche, le vi. Conectado de nuevo y tras correctos saludos me preguntó:

— ¿Te gustó hacerme la mamada?

—Bueno, me molestó, me pareció desagradable, pero luego analizándolo en frío me pareció divertida.

—Manuela, me gusta hacer cosas a las chicas, que les produzca pudor y luego descubran que les guste, pero si lo que hago te molesta, será mejor que no nos volvamos a ver, no quiero herir tu integridad.

—No, no lo haces, tranquilo, me gusta, me siento como un aprendiz, quiero que me introduzcas en el arte del sexo, necesito unas cuántas lecciones más y será un placer aprender de ti. —le contesté. Si peco de algo es de ser sincera y de estar un poquito desesperada. Esto será como ir a clases de repaso...

—Pero quiero recordarte, que no te penetraré, sólo jugaremos, el sábado te llevaré a un sex-shop y te aconsejaré los jueguecitos que te podrías comprar para disfrutar sola y acompañada.

— ¡De acuerdo!—eso me pareció una idea muy divertida, algo que tenía pendiente hacer y no me atreví nunca.

Quedé con Hugo en una tienda cerca de su casa, no era el típico sexo oscuro con cabinas, la tienda tenía un escaparate con mucha luz y con ropa interior sexy, parecía una tienda de objetos de decoración, realmente se trataba del bazar del sexo. Me compré varios juguetes y luego fui a casa de Hugo a comprobar si realmente funcionaban.

Después de esa cita, tardé varios días en encontrarme con Hugo, solo hablaba con él en las ocasiones en que en el hotel donde me alojara tuviera wi-fi. Nos encontrábamos de tarde en tarde, casi siempre entre semana, era divertido, porque nos mandamos sms, para darle más interés al encuentro. Nos mandamos fotos sensuales y mensajes muy subiditos de tono, empecé a sentirme por primera vez en mi vida una mujer sexy y deseada gracias a sus mensajes de texto que decían.

"No vengas a las 19:00, quiero lamerte 18:45" o "Tu deberías estar prohibida", "Qué quieres que te haga hoy" "trae tus juguetes".

También utilizábamos el móvil para mandarnos fotos en posturas provocativas, con el agua de la ducha bañando nuestro cuerpo o sin ropa y algún que otro complemento como un cinturón, un colgante o una corbata.

La que más le ponía a Hugo es una foto de mi trasero, donde he colocado en el interior de mi culo el palo de una polvera. Se me ocurrió en el baño. Hugo se volvió loco con esa foto.

Lo más divertido era que poco a poco empecé a perder la vergüenza y el rubor y le regalaba striptease y en ocasiones con estas maneras nuevas, me burlaba de mi misma actuando como la nerviosa mojigata que llegó una tarde a su casa.

Un día, volví a aquel sex-shop y compré unas bolas anales para él, le dije que tenía una sorpresa que le encantaría, me vestí de colegiala y me puse dos coletas. Cuando abrió la puerta me encontró con un chupa chups en la boca y con su regalito. Me bajé la cremallera de la falda y dejé que cayera al suelo con el movimiento de mis caderas paseándome por su salón, como una niña traviesa. Mantuvimos el rol de alumna rebelde y profesor castigador, hasta que llegó el momento de someterle con su juguete a estrenar.

La alumna iba adquiriendo nivel poco a poco. Realmente descubrí que el sexo siempre me había gustado pero estaba aletargado durante un largo periodo de tiempo en mi interior. Era divertido, ya no me sentía tan aprendiz, jugaba en el mismo rango que él, y para él era un triunfo ver el resultado. Mientras que yo me estrenaba en nuevos juegos, algunos ingeniados por mí misma y descubría nuevas sensaciones. Creamos del sexo sin amor un juego divertido y con escenas que nunca podríamos olvidar. Me hizo sentir sexy y adoptar una seguridad en mi misma que nunca antes había tenido. Hugo, me hizo sentir viva y muy sexy.

Resulté ser la única chica aferrada a él a la que no había destrozado, a la que no había visto llorar por desamor, y la única que no le exigía nada. Eso le hizo unirse más a mí como una buena amiga.

—Todo lo que toco, lo destruyo— decía refiriéndose a las mujeres.

—A mí no, Hugo, tú me has hecho sentir viva, ser una mujer deseada, me has enseñado a ser una buena amante, me has dado seguridad, me has escuchado cuando lo necesitaba, me has dado buenos consejos y lo más importante, es que de antemano, me advertiste de que no había un sitio para mí en tu vida.

Poco a poco, el sexo ya no me parecía interesante, manteníamos la cabeza bien fría para no confundirlo con amor, y la carencia de cariño en nuestros encuentros, nos hizo catalogarlo como "sexo vacío", sin embargo, conversábamos mucho y empezábamos a sentir un cariño fraternal.

Hugo terminó por convertirse en algo más que un amante.

Era la única persona a quien confiarle mis vacíos.

—Hugo, estoy muy sola. Necesito amigos, me es imposible enamorarme de ti. Te preciso como amigo—le decía muy a menudo.

Me presentó algunos de sus amigos, salí muchas noches con ellos. Aunque nunca llegué a sentirles mis amigos.

—Manuela, ¿Quieres que te diga lo que pienso? Pienso que nunca vas a ser feliz en Asturias. Te molesta todo. No encajas aquí. Tu sitio está en Alemania. No entiendo como no haces nada al respecto. Sé fiel contigo misma, piensa en donde te gustaría vivir. ¡Necesitas encontrar tu sitio! O quizás ya lo has encontrado, solo necesitas echarle valor, cortar ese cordón umbilical que tienes con tus padres. Es más fácil de lo que crees, seguro que no te arrepientes.

—*Tienes razón Hugo, mis amigas de Pravia me dicen siempre, que por qué leches no me vuelvo ya a Alemania. ¿Crees que estoy perdiendo el tiempo?*

—*Manuela, te he dicho muchas veces que el tiempo nunca se pierde, se invierte. Venga, vete a casa, piénsalo bien. Habla con tu familia. Nunca he estado en Alemania, iré a verte para Navidad.*

* * *

Tras dos años y cinco meses, de dejar al capullo de Cristóbal, he pasado once meses sin sexo. Una vez vencido el miedo escénico, he estado ya con tres hombres. Sin embargo, no he vuelto a tener un buen orgasmo. Finjo muy bien, nadie me lo nota. Suelo fingir al cuarto o quinto minuto.

Mis motivos, varios: primero para dar la talla como mujer pasional, segundo para que él se sintiera poderoso y por último y más importante, para que el tío no se ponga pesado hurgando torpemente con sus dedos en mi interior. Algunos capullos, se excitan mucho más cuando creen que he llegado al clímax e insisten más en toquetear. Entonces yo finjo convulsiones fuertes seguidas de otro orgasmo y les insinúo con un lenguaje no verbal, que paren, que se concentren en su gozo, que utilicen mi cuerpo, pero que me dejen en paz.

Cuando han finalizado, siento mi vagina como si fuera una central eléctrica, llena de chispas y con unas ganas tremendas de volver a follar.

Afortunadamente con Salva he conseguido un mejor entendimiento.

Conducía de vuelta a casa y pensaba en desfogarme con él, sanar de esa sensación de cortocircuitos en mis labios mayores. Le tengo dominado. Es algo frío pero eficaz.

Solo me importa una cosa, que se deslice en mi interior, sabe moverse como yo lo deseo, atina en tocar mi clítoris con lentitud y suavidad, como a mí solo me gustaba.

Nadie sabe hacerlo mejor. Los tíos tocan eso como si fueran las teclas del móvil, no tienen idea. Contraigo mis músculos vaginales más y más. Descuido mi respiración, me olvido de mi forma humana, del lugar donde estoy. Grito una vez y otra, llego a un clímax cuya duración consta de casi un minuto. Mi clítoris queda extremadamente sensible. Extraigo de mi interior a Salva mientras que con el dedo anular lo apago y coloco sobre mi pecho, sintiendo mis fuertes latidos. Procedo a tragar saliva y siento la sequedad de mi boca.

Al mismo instante mi cuerpo vuelve a recordar su forma humana. Cansada y liberada, dejo a Salva sobre la mesilla de noche y me duermo.

Tengo una enfermedad aletargada. No sabía que la padecía. No puedo evitarlo, e incluso a veces en el trabajo o en el metro mis músculos vaginales empiezan a contraerse y llego a tener orgasmos sin tocarme.

Entonces disimulo, cubro mi rostro con mis manos, ocultando mi cara de placer. Si me preguntan les digo que tengo fuertes retortijones de barriga y normalmente, dejan de insistir.

Suerte que hay un fantástico remedio paliativo y extraordinariamente adictivo. Costó unos 100€ pero es fantástico. Algunos fines de semana lo llegaba a usar aproximadamente cinco veces al día. No me di cuenta de ello hasta que un día noté un leve dolor o pinchazo en clítoris, entonces comprendí que se debía a tanto abuso. Necesitaba sexo constantemente.

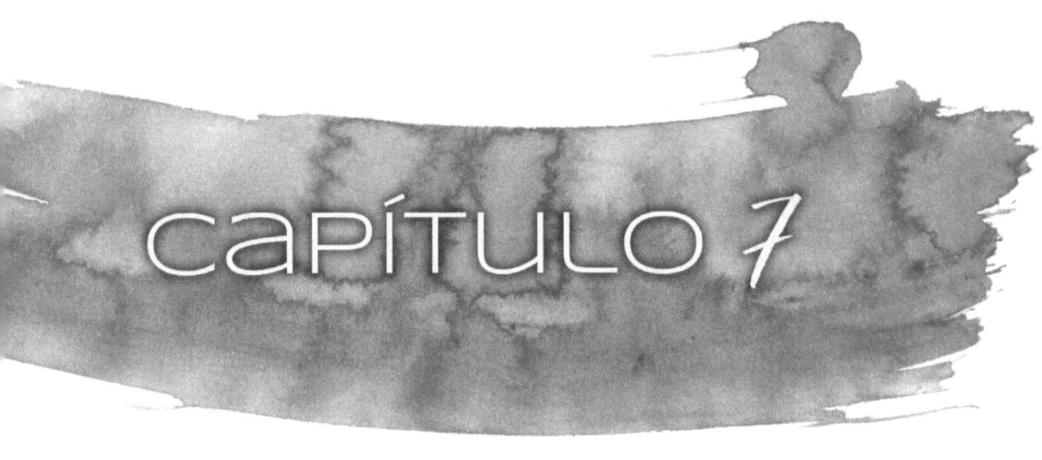

Manuela desafió su miedo escénico frente al sexo, con Hugo. A partir de ahí, su autoestima y seguridad le ayudaron a saber seducir.

Meses después de conocer Hugo y siguiendo los consejos de este, empezó a inscribirse en todo tipo de ofertas laborales. Empezaba a barajar la opción de dejar la ferretería.

Al otro hilo telefónico una voz muy interesante la citaba mañana para una entrevista. Era una empresa de seguros nueva que empezaba a anunciarse en televisión. Los anuncios eran muy horteras, no dejaban a nadie indiferente—Usaban a frikis de la tele como actores—.

Manuela estaba encantada de asistir a esa entrevista, le gustaba la buena planta de ese señor que la había citado, hacia juego con la voz del hilo telefónico. Se llamaba Amador. El nombre era lo único que su parecer era discordante con su encanto.

El chico en cuestión tenía un asombroso parecido a Jude Law. Quizás más guapo, con menos entradas, con más rizos, más castaño. Pero era un Jude Law.

Durante la entrevista hubo una química especial. Amador perdía la concentración como causa y efecto de los ojos de Manuela. Lo único interesante de la oferta laboral, es que él sería su jefe. Pero, vender seguros sin un salario garantizado e ir a comisión no era la oferta que motivase a Manuela a dejar la ferretería familiar. La entrevista finalizó con un:

—Dame un día para pensármelo bien. Mañana te contestaré.

La llamada de Manuela a Amador para informarle de que rechazaba el trabajo, fue de lo más sugerente para los dos, los cuales buscaban cualquier coartada para encontrarse de nuevo. Amador invitó a cenar a Manuela y se inició el romance.

Su Jude Law era un seductor nato. Daban ganas de comérselo a besos. Sin embargo, no daba la talla. Nunca culminaba un acto sexual. Podían tirarse horas y horas. Pero él no terminaba su faena.

Eso no tuvo importancia hasta que un día Amador apareció con la nariz rota, escayolada y parte del rostro morado por un traumatismo.

— ¿Qué te ha pasado?

—Estaba en el bar jugando a billar. Un tío medio drogado se puso agresivo y empezó a meterse con mi amigo y su novia. Yo traté de defenderle y me lleve una buena torta—dijo con voz de convaleciente.

La historia carecía de veracidad. Como si faltasen fragmentos de información.

— ¿Hugo tu qué piensas? Nos tiramos horas follando y el tío no se corre.

Hugo se había convertido en su consultor sentimental.

—Pues con lo bien que haces tú las mamadas, ese tío tiene que estar muy perjudicado Manuela.

— ¿Qué yo la chupo bien? Pues me enseñaste tú, yo nunca antes la había chupado así. Nunca había tocado los testículos, ni siquiera sabía que os gusta que las chicas lo lamamos. Tú me enseñaste a hacerlo a tu manera y a él no le gusta esa manera.

—No Manuela. Ese tío es raro.

— ¿Y sabes qué? Bueno es la tercera polla que veo en mi vida, pero creo que por primera vez se lo que es un micro pene—dijo Manuela riéndose.

— ¿Micro pene? Manuela, tienes unos puntazos, muy buenos—constataba Hugo con mirada lasciva. Mira te voy a presentar al cuñado de mi hermana, que por cierto también vende seguros. Se llama Israel y es un torbellino como tú.

Se organizó una cita a ciegas para Israel y Manuela. El lugar elegido, un restaurante tailandés.

Tenía razón Hugo, Israel era un torbellino. Un chico del montón, pero con ojos azules. Antes de la medianoche—quizás temiendo que Manuela se convirtiera en calabaza—se abalanzó sobre ella, con fuerza y besó como si no hubiera un mañana.

Israel besaba muy bien, pero no superaba a Amador en atractivo aunque si en tamaño de pene, algo que era indiferente, mucho más cuando era de los que a opinión de Manuela, follaba como los conejos.

—Hugo, no me gusta Israel, no me pone. Tiene los ojos bonitos, pero está flácido y tiene la espalda llena de pelo.

—Manuela, por favor, eso son nimiedades. No dicen que el hombre y oso cuando más vello más hermoso.

—La barriguita, no me estorba mucho, solo me disgustan sus pelos en la espalda y es muy rudo en la cama, además, ese chico no está bien, no me da lo que necesito, ayer se quedó abducido viendo el futbol. Yo quería sexo y me puse frente al televisor con ropa interior. ¿Y sabes lo que hizo? Despacharme con un beso.

—Bueno, para un hombre, el futbol es sagrado, eso debes saberlo niña.

—Hugo, déjalo ya, no me pone, no le justifiques más. No me pone y chin pun. Además, la otra noche que me quedé en su casa, me despertó diciéndome al odio que quería rellenarme el culo como si eso fuera un croissant de crema. ¡Qué asco! ¡Qué denigrante!

—Manuela, no te pongas ahora mojigata. A veces es divertido que te suelten ordinarieces…

—Hugo, a veces me da mucha rabia que seas tan promiscuo. Tengo la sensación de que entre todos los hombres que he conocido y me quedan por conocer, tú eres de los más normalitos. ¿No te gustaría cambiar? Centrarte. ¿No te gustaría intentarlo conmigo? Eres buena persona, me proteges…

—No Manuela, tu eres demasiado buena para mí. Yo soy un capullo que pone los cuernos a sus novias. No me veo con una sola.

Diario de Manuela Murillo

El objetivo de perseguir a tantos hombres, es por la necesidad de encontrarme con mis orgasmos con un hombre, sentirme protegida, deseada amada.

Lo que más me divierte de esta experiencia es que nunca antes había salido con chicos guapos. Me juré a mí misma no fijarme en un tío feo o desaliñado. Yo soy una chica sexy, guapa, con estilo. Es momento de hacerme con una buena colección de pollas. No sabía que son diferentes. Algunas circuncidadas, algunas gordas, pero lo mejor es que están limpias, rasuradas, no huelen mal y pertenecen a chicos guapos, que se hacen el láser en la espalda, se compran exfoliantes de Clinique, visten bien y alguno, hasta se hace mechas, ¡Y llevan sandalias!

Sin embargo mi conciencia no me deja relajarme, no tengo orgasmos, por mucho que se esmeren...

Creo que ha llegado el momento de trabajar este conflicto con mi terapeuta.

*   *   *

He ido al terapeuta. Le he hablado de Salva. Esta vez, me ha pedido que me siente en el chaise lounge y que cierre los ojos. Ha empezado a acariciar mi mano y me pide que me concentre en esa caricia. No he podido concentrarme, me ha molestado que mi terapeuta me toque. De nuevo me he puesto a fingir—pero esta vez de palabra, no de jadeo—

Le he dicho lo que se supone que debo de decir, pero sin usar mi corazón.

Entonces me pregunta, por qué me atemoriza tanto dejarme llevar, exigir a mi amante cómo me gustan las cosas, pedirle gozo verdadero.

—*Es cuestión de guardar la compostura. Me da vergüenza que vea mi cara de pasión desenfrenada, mi rostro no debe ser nada atractivo cuando llego a un orgasmo.*

Últimamente ir al terapeuta, no me está haciendo nada, solo me hace sacar mierda que me ruboriza y que no siento que sea el momento.

Estos terapeutas, no hacen más que buscar soluciones a tus problemas, pero con un precio.

Creo que las cosas no son así. Es algo mucho más sencillo. Llegará un momento en el que aparecerá. Sé que él aparecerá y con él no tendré miedo a perder la compostura, a pedirle gozo de verdad, sé que llegará alguien al cual no me estresara la idea de no llegar. Mientras, pues a besar ranas…ganaré experiencia.

* * *

Vuelvo a casa. Hugo tiene razón. Él no lo sabe, pero llevo demasiados años deseando acabar con mi vida. Si no lo he hecho, además de por ser una cobarde, es porque mi interior conocía la solución.

Múnich es mi ciudad, vibrante, con gente amante del deporte y la cultura, con millones de cosas que hacer, a pesar del asqueroso tiempo. Con esas preciosas montañas contorneadas por lagos. No puede haber otro lugar más hermoso que Baviera. Bueno, al menos para mí. Me tira mi tierra. Adoro Alemania, no me siento para nada española, detesto el rollo español. No encajo en la cultura española, bueno, en el cachondeo y las tapas… pero en nada más.

* * *

Volví a Múnich en plena Oktoberfest. La estación seguía igual que siempre. Las mismas tiendas, el mismo color, pero brillaba la ausencia de ese característico silencio germano.

La gente se dispersaba borracha en plena luz del día, vestidos con sus trajes folclóricos, ellas con su traje folclórico, el Dindl y ellos con sus Lederhose. Mi nuevo hogar se encontraba a diez minutos de la estación central, pero viendo el percal, mejor sería tomar el metro arrastrando las dos maletas escaleras arriba y escaleras abajo. De esta forma evitaba el tumulto de gente. Recordaba como otros años algunos se había topado con uno de los festejantes orinando en la calle transitada.

Capítulo 8

*C*uando Manuela llegó a España, estaba sumida en una pequeña depresión. No se adaptaba al entorno rural de un pueblo asturiano, estaba constantemente de mal humor, echaba de menos a sus amigas del instituto, su barrio, la cultura germana. Se tomó un año sabático, de vez en cuando iba a trabajar a la ferretería, pero sin un horario disciplinado, solamente cuando sus padres tenían que llevar a los abuelos a revisiones médicas o hacer cualquier recado en especial.

Durante su primer verano en Asturias, tuvo la suerte de poder escapar de ese entorno rural.

Ester, su mejor amiga alemana, de padres madrileños, vino a visitarla en agosto. Manuela se acababa de sacar el carné de conducir e hicieron varias excursiones por playas de alrededor y enclaves turísticos. Ella también se había vuelto a España porque sus padres echaban de menos esa tierra de piel de toro. Fue dos años antes que Manuela, justo cuando terminaron el bachillerato. No la veía desde entonces, se llamaban y escribían a menudo y le prometió visitarla en septiembre con motivo de las fiestas mayores de Alcorcón, el pueblo de Madrid donde vivía.

Aquí empezó su primer patinazo del destino. En las fiestas de Alcorcón, conoció a Cristóbal. Fue un amor a primera vista.

Increíble, pero cierto. Estaban en el interior de una discoteca, de repente le vio de lejos, sus ojos se cruzaron, y sintió un flechazo. El efecto de enamorarse tras la luz centelleante de una bola en el techo de una discoteca poligonera, es muy lógico con diecinueve años. Y casi siempre resulta un gran fiasco.

Al salir del recinto, fue consciente de que no era tan guapo como en el interior. Las luces de neón, tenían un efecto idéntico al de las fotos en blanco y negro, en el que el cutis es más fino y las arrugas más atenuadas.

Manuela no sabía lo que era el amor. No tenía ni idea. Solo quería huir de Asturias. Escapar del mundo que sus padres habían elegido para ella. Tener novio fuera de Asturias era una buena coartada. Ella quería escapar, él estaba fascinado con la idea de que una chica tan guapa y simpática hubiera puesto los ojos en él. De inmediato se hicieron novios con solo diecinueve años.

Al principio, la excusa era, visitar a Ester, se alojaba en su casa y por las tardes se encontraba con él. Tres meses después, coincidiendo con la navidad, no había mucho que esconder, las llamadas telefónicas a casa, hicieron entender a sus padres que tenía un amiguito. Así que pasó su primera noche vieja con él. Una noche vieja que diría mucho de lo que de ahora en adelante se iba a encontrar.

La familia de Cristóbal; los García Sierra, regentaban un bar en el conocido distrito de Vallecas desde hacía más de veinticinco años. Vivían en un piso justo arriba del bar, una vieja caja de cerillas. Las habitaciones eran pequeñas y angostas. Cuando ella le visitaba, Cristóbal dormía en el sofá. Ella se cerraba la puerta y observaba esa austera habitación con un feo Cristo colgado en la pared del cabezal, se sentía a gusto, era el hábitat del hombre que la cuidaba, mimaba y amaba (por ese orden). Le gustaba la sensación de dormir en su cama, junto con sus pertenencias sobre los muebles.

El día de noche vieja, el bar estaba lleno. Toda la gente se reunía para quedar, felicitarse el año, tomarse la última copa con un viejo amigo, en fin, cómo cualquier bar español. A las once de la noche, Manuela acostumbraba a estar sentada en un incómodo y viejo sofá, viendo el televisor, esperando que cerrarán el bar para celebrar la noche vieja.

El primer año, su curiosidad era, dónde diantre iban a cenar, puesto que en esa casa no cabían todos. La cocina era un estrecho pasillo en el que se debía entrar por turnos y del sofá al televisor había dos pasos. Cristóbal le dijo que cerrarían cuánto antes el bar y cenarían todos dentro.

La familia, se componía de: los padres, una hermana, el abuelo paterno Gervasio y el tío Ramón hermano de su madre. Todos los demás no citados estaban reñidos entre ellos y se veían de tarde en tarde, sobre todo en las bodas y los entierros.

Gervasio era un señor de unos 86 años, gordito robusto, sanote y lleno de arrugas en forma de acordeón. Vivía en un edifico contiguo al bar junto con su hijo Ramón, de unos 48 años, soltero, borracho y vividor, muy ignorante y fácil de engatusar. Ramón se crio en el pueblo de Guadalajara apenas sabía escribir y hablaba fatal, conducía un SEAT 125 color rojo desteñido donde guardaba a la vista de todos revistas pornográficas en la bandeja de detrás. Presumía de arrancarse las muelas de forma casera, con unas tenazas ¡Todo un personaje sacado de una película de Santiago Segura!

Tras bajar a eso de las once y media y sentarse en la mesa que ya estaba preparada para los comensales, escuchó risas de todos y cuchicheos. Le explicaron que ansiaban ver al tío Ramón porque en Navidades le gustaba llamar la atención vistiéndose de gala, con un traje de purpurina dorado, una pajarita color marfil y una camiseta blanca de chorreras. No le importaba que se rieran de él se sentía interesante e iba con su personalidad.

Y así pasó sus siete nocheviejas. En un pequeño y vacío bar de adictos al alcohol o a las máquinas tragaperras, o a otra adicción, con una estufa de gas caldeando el ambiente de fritanga. Todos sentados frente a tanto manjar excepto Antonia que no paraba de hacer viajes a la cocina. Mientras comían el primer plato, ella preparaba el siguiente y luego quitaba los platos sucios de la mesa y de nuevo se dirigía a la cocina a preparar los dulces y las uvas. Se comportaba como si fueran unos clientes más del bar. Cenaba cuando se terminaban las uvas; una ensalada en esa grasienta y prieta cocina, sentada frente el congelador que hacía de mesa improvisada con un hule desteñido de tanto pasarle el trapo.

Después de tomar las uvas, nadie felicitaba el año a nadie, ni se besaban en la mejilla y tampoco se bebía cava, y mucho menos se brindaba. Ni siquiera tomaban una copita de vino.

Manuela se adaptó a ese tipo de vida que le separaba de Asturias, una realidad paralela, un poco más interesante y urbanita. Salpimentada con despedidas en la estación de autobuses, entre besos y abrazos, con el alma encogida y la sensación nostálgica de ver que regresaba al mundo de la realidad.

Y así transcurría su vida, esperando a que llegara el mes siguiente para reencontrarse con él mientras se consolaba recibiendo noticias suyas cada noche alrededor de las diez.

La inserción de Cristóbal en su vida, suponía muchos cambios de adaptación que sus padres y hermana debían tolerar y respetar. Notó desde el principio que a ninguno de ellos les gustaba su novio. Con las caras, lo decían todo. Pero no le prohibían verlo. Suponían que se cansaría de la relación en la distancia. Pero no fue así.

De vez en cuando la persuadían con la idea de volver a Alemania, le ofrecían dinero para pagarle cualquier curso, pero ella estaba volcada en una nueva vida, en un nuevo futuro que se llamaba Madrid. Una ciudad que a pesar de no gustarle, tenía quien protegerle y cuidar de ella

Siempre supo que la familia de Cristóbal era excesivamente rara. A pesar de parecerse muchísimo a familias provenientes de pueblos pequeños y castizos. Pueblos, donde la mujer es valorada por ser la que más limpia y la que mejor cocina. Donde los progenitores, provenientes de Guadalajara, emigraron a la ciudad, sin nada, y consiguieron todo lo que ahora tienen a base de esfuerzo. Padres que acostumbran a vestir la misma ropa durante años, donde vigilan la administración de cada céntimo de su bolsillo y sin embargo no escatiman en la educación y buen vivir de sus vástagos. Pero, cada día, le resultaba más difícil encasillar a su familia en dicho tópico tan familiar para una alemana de padres asturianos.

Vivían por y para el bar. Nunca en su vida habían viajado más lejos de la meseta central.

Se trataba de un bar común en cualquier barrio de Madrid. Donde nada más entrar, eres recibido por un fastidioso olor a fritura, ambientado por un par de máquinas tragaperras y tres viejos, dueños de los tres taburetes, que beben chatos de vino mientras se fuman unos ducados. No existía esa calidez que puede buscar cualquier persona con un poco de recelo por cenar o tomar algo en un sitio original.

Su madre, Antonia, combinaba su ropa con diferentes estampados, solía llevar una falda estampada de flores y una camisa de otro estampado. A estas prendas, siempre le acompañaba un cinturón verde de niño con escudos amarillos y rojos. Era un cinturón que Cristóbal usaba de pequeño. Antonia caminaba con las piernas muy separadas, parecía que se tambaleaba. Era bastante altanera, algo que tanto a Cristóbal como a Manuela, avergonzaba. Usaba dicha altanería para meterse a la gente en el bolsillo. Y le funcionaba, puesto que el bar era asentado en un barrio cualquiera, donde reside gente de un nivel sociocultural bajo o con una educación deficiente.

Era una madre bastante fría y distante con su familia pero cumplía con sus deberes de madre mecánicamente como si de un robot se tratase. El padre, Pedro, era bastante agradable, no hablaba demasiado, y vivía abnegadamente tras las cuatro paredes de ese pequeño antro. Dormía apoyado en la mesa del bar mientras veía el telediario, solo se dejaba ver en casa un par de minutos, por la noche después de una agotadora jornada.

Manuela odiaba entrar en ese bar. Ella siempre tan coqueta, se sentía allí como un elefante en una cacharrería. Todos la miraban, y ella no sabía a dónde mirar.

Silvia era la hermana de Cristóbal. Cuando Manuela la conoció, era una niña de catorce años, muy infantil, hablaba con un tono de pitido agudo que la denotaba como una niña ñoña, se comportaba como si todo el mundo la estuviera observando, como si estuviera rodando una película, pensó que era el típico comportamiento de una adolescente pero durante los nueve años que su relación con Cristóbal duró, Silvia seguía siendo una estúpida. Habían temporadas que decidía no dirigirle la palabra, Todos temían a Silvia, y le daban todo lo que ella quisiera. Era una niña frágil, consentida, que se ahogaba en un vaso de agua. En los últimos años empezó a vestir como un putón verbenero. Y algunas noches, no dormía en casa. Pero todo lo que hacía Silvia, tenía la bendición de sus padres y hermano.

Detestaba que Cristóbal la llamara puta siempre que se enfadaba o llamara puta a su madre o hermana, cuando la puta, la tenía en su casa. Y pasó un verano, como otra noche vieja más.

Los veranos para Cristóbal equivalían a trabajar. Tenía que atender las mesas que colocaban fuera del bar, por lo que a partir de las 20:00h su pareja se quedaba sola, —o con Silvia que para el caso es lo mismo— sentada en el sofá aburrida, viendo la televisión y como pasaban las horas. Cristóbal no terminaba hasta la 1 de la madrugada cuando Manuela estaba más que muerta del aburrimiento. Nunca quiso colaborar trabajando. Le aterraba estar en un bar de gente rara, que la analizaban como un animal de otra especie. Además escondida en el piso familiar, evitaba a Antonia, que se pasaba el día en una pequeña cocina del bar, despotricando sobre su familia, analizando su obsesión con el dinero, testamentos, futuros negocios a los que tenía quimera, criticando lo que el vecino fulanito hacía con su dinero, y de cuánto la odiaban su familia política. También le hablaba de los pretendientes de Silvia, al parecer la niña, se llevaba de calle a media universidad. Y el tema más importante: Cómo amueblar y decorar la casa que le había comprado a su hijo.

Durante nueve años, había estado lamentándose de su aspecto. Cristóbal era un hombre bastante poco agraciado, con una boca bastante grande. Cuando reía tenía unos colmillos parecidos a los del conde Drácula. Sus ojos, con un fondo amarillento, unidos por una única poblada ceja, eran ojos de persona vil y calculadora. Su eterno olor a sudor mezclado con olor a fritanga del bar. Su falta de gusto al vestir era el colofón final de un pésimo aspecto.

La madre y hermana de Manuela, decían que Cristóbal era una mezcla de Mr Bean y el presidente Zapatero. Cristóbal era cabezón, de pequeño los niños le habían llamado cara de huevo. Manuela detestaba la idea de tener un hijo con él. Cada vez que lo pensaba, sus células sentían enorme rechazo a su código genético.

Decía que un antibiótico que tomó cuando era pequeño se comió el esmalte blanco. Ella trató de que se hiciera una limpieza de boca, se quitara el sarro, y tratara de averiguar si había alguna posibilidad de blanquearse los dientes, pero fue un caso imposible. A los seis años de novios consiguió convencerle y le llevó a su dentista de Oviedo, que le hizo unas férulas a medida de su boca. Dos veces a la semana, debía insertar una pasta en las férulas e introducirlas en sus dientes, pero sólo se las puso un par de veces, decía que le daba angustia.

No se preocupaba de depilarse el entrecejo, y cuando ella se quejaba de la falta de coquetería al no arreglarse las cejas, no solo atribuía que él no era un maricón que se depilara, sino que, —decía irónicamente —así, no necesito llevar una visera. No se dejaba depilar el entrecejo y tenía que forzarle, pillarle de improvisto como la presa a atacar que se duerme en la sabana africana y de repente ¡zas! llega el rey de la selva, en este caso era la reina de la selva que lo atacaba dándole una palmadita entre ceja y adhiriendo una banda de cera depilatoria. Cuando él se había percatado, ya no tenía escapatoria; alguien debía tirar de la banda…Con las prisas y el miedo—porque Manuela seguía teniéndole mucho miedo—no medía la simetría y siempre le quedaba una ceja más larga que otra, pero por lo menos ya no tenía esa visera de pelos. Nunca había conocido a nadie así, no encontraba a ningún hombre con esa anchura y largura de cejas. Su frente era ancha y pronunciada y se le empezaban a asomar unas grandes entradas. Suerte para ella, que descubrió algo bonito en su cara: sus orejas, así cuando se tenía que recrear en su rostro, en momentos de intimidad disfrutaba tocando y contemplando sus orejas.

Otro detalle que quería modificar era su indumentaria, también fue un reto. Vestía unos jerséis que a veces también se los ponía su padre. Eran jerséis gordos, con estampados y cenefas. ¿Dónde coño los venden? pensaba, porque eran para echar a correr. Siempre vestía pantalón vaquero, e incluso en pleno verano, nunca se ponía bermudas, ni siquiera para ir a la playa. Sus vaqueros, unos 8 ó diez vaqueros iguales con distinto tono azulado comprados en el mercadito. Eran muy poco favorecedores. La cinturilla le llegaba hasta la costilla, encima, él tenía la costumbre de ponerse las camisas o camisetas por dentro de manera que delataba más aún el alto talle del pantalón. Con esos pantalones y sobre todo, cuando llevaba la documentación de su coche debajo del brazo —su barrio era foco de robos de coches— le recordaba a Julián Muñoz, en aquel tiempo, la pareja de Isabel Pantoja.

Con el calzado era más de lo mismo, siempre llevaba unos zapatos negros atados con un fino y redondo cordón. Fuera invierno o verano, a la piscina, a la playa o a la montaña, cambiar una rueda, bricolaje, fiesta de cumpleaños… siempre ese calzado.

Cuando Manuela ganó su primer sueldo, empezó a comprarle jerséis y pantalones de una calidad mucho más superior a los que solía llevar, quizás sin darse cuenta, pretendió destronar a su madre, que se encargaba siempre de suministrarle la ropa. Dándole una lección de buen gusto, cuando vestía la ropa que ella le había comprado, se sentía la mujer más feliz del mundo, lo veía más atractivo y aparentaba otro tipo de status. Pero al cabo de unos días, la ropa de Manuela, había desaparecido.

En el dormitorio de los padres de Cristóbal, aparte de encontrarse la ropa de cama y las toallas, se encontraban mezclados y bien apilados múltiples prendas pertenecientes a Cristóbal y a su padre. De manera que Cristóbal nunca se atrevió a husmear en ese armario por no desmontarlo, puesto que todo se encontraba ordenadamente amontonado.

Su madre escondió muy bien todos aquellas prendas de marca que Manuela le iba comprando cada temporada con excusa de su cumpleaños, navidades o aniversario de novios. Le parecerían feos, o demasiado elegantes para ponerse un día normal y corriente.

Cristóbal no utilizaba colonias, ni desodorantes, solía sudar bastante y además de no variar en su vestimenta usaba poco la ducha. Era su pareja, quien con franqueza le decía:

—Hueles mal dúchate—. O le estiraba del brazo, introduciéndole en el mundo de las perfumerías: —venga prueba esta colonia huele de maravilla—

CAPÍTULO 9

*M*anuela vivía secuestrada voluntariamente. Su novio no le permitía salir con las amigas más tarde de las cuatro de la mañana. Tampoco podía hacer escapadas de fin de semana con sus amigas. Desde que había llegado de Asturias, no había pisado otra ciudad española. Una de sus amigas, tenía un apartamento en Gandía, Valencia, se había cansado de invitarla. Manuela, pedía permiso a su novio, el cual vagamente y con un sutil tono amenazador le decía:

—Haz lo que te dé la gana.

Ella sabía que si se iba, a su vuelta iban a haber represalias. Cristóbal era celoso y posesivo, tenía un fuerte miedo a perderla y ella, no era consciente, de que ahí fuera, habían otros hombres, más atractivos y dispuestos a conocerla. Después de nueve años, tenía un irreversible lavado de cerebro. Sus pensamientos y quimeras, eran idénticas a las de su dueño. Y las frases de este, sentencias indiscutibles.

Ella, no valía para nada, como él decía; tenía la cabeza para llevar el pelo. Así que con suerte, él tendría la generosidad de casarse con ella y mantenerla.

Después de nueve años, no concebía otra vida, pensaba que la suya tenía reparación. Durante la fase en la que empezó a hacer terapia, quería confesarle que había visitado a un terapeuta y que el problema era más suyo que de ella y le debían poner solución. Ante todo, él debía visitar también un terapeuta en Madrid, puesto que si querían encontrar una mejoría dependía de los dos.

Después de argumentarle el proceso de su terapia, la manera de trabajar de Osvaldo, y las conclusiones a las que llegaron, la respuesta de Cristóbal fue como todas, tajante y dolorosa.

—Eres una puta—le dijo.

La palabra puta, ya no le parecía dolorosa, la había oído tantas veces de su boca, que ni se la tomaba como una falta de respeto, Cristóbal utilizaba mucho esa palabra cuando se enfadaba, era inmune en su vocabulario.

— ¡Me engañas! me dices que te vas al gimnasio cuando realmente vas a un terapeuta a contarle mis intimidades y tus intimidades a cambio de dinero, ¿Para qué estoy yo entonces si no es para escucharte?—decía enfadado.

—Tú no eres un profesional, necesito otra persona que vea las cosas desde otro enfoque que no sea el nuestro—

— ¡Eres la tía más puta que he conocido encima dejas que te meta mano!—decía.

— ¡Sólo me abrazaba! Porque sus razonamientos me abrumaban, me hacían sentir que estaba hundida ¿Importa mucho?—contestó

Cristóbal empezaba a verse con el agua al cuello, ya no era la niña cándida y manipulable que él había esculpido a su antojo.

La siguiente visita a Osvaldo, fue muy buena, le ayudó a perder los miedos que sentía hacia Cristóbal. Le confesó el pavor que tenía de que supiera que fumaba, y el control sobre ella que tenía cuando quería irse de viaje de fin de semana con las amigas. Le hizo entender que nadie, tenía autoridad sobre ella, la hizo sentir libre, y le dio lecciones de cómo disfrutar el presente. Así que al llegar a casa, llamó a Cristóbal y le dijo con gran lozanía que desde hacía años, fumaba cuando le daba la gana, y ya no estaba dispuesta a ocultárselo más, además de otras muchas más cosas.

Ahora que fumaba sin esconderse, él se sentía traicionado. Solo fumaba para fastidiarle.

Por desgracia, le fue siempre fiel, ni siquiera llegó a permitirse el lujo de tontear con nadie, amaba tanto a su pareja y a su vez, la respetaba e idolatraba.Cuando se acercaba un chico, ya fuera amigo de una amiga, o cliente, o vecino, era fría, distante y tan pronto como la situación le diera la oportunidad, le confesaba lo enamorada que estaba y le contaba muy orgullosa, su apasionante relación a distancia, dándole detalles exhaustivos de sus planes de unión etc.

Entendió que su miedo por Cristóbal había expirado. Un miedo alimentado por su desconfianza. Sin embargo, ver la realidad tan clara, la abrumó, y anuló la siguiente cita programada con Osvaldo, pensó que todo lo tenía controlado.

Y así pasó tres meses más, sin cambios latentes, pero con los conceptos de su vida mucho más nítidos.

Cristóbal decía que a finales de año, su madre le daría dinero y se pondría a hacer el sótano.

—Me tienes que decir, cómo quieres que nos hagan el sótano, ¿quieres dos habitaciones, un gran salón? podríamos poner un horno de leña para hacer pizzas ¿te parece bien acondicionar un baño con una ducha?

—Haz lo que te dé la gana, por mí cómo si reconstruyes las ruinas de Atapuerca en su interior, me da igual, ese capricho tuyo, me ha quitado muchas ilusiones y motivaciones por emprender algo precioso contigo así que viviré en tu casa como si no existiese sótano alguno. ¡No pienso ni limpiarlo!—

Todo se estaba apagando, él lo intuía. No la soportaba y para hacerla callar, le dio un beneplácito: Si quería viajar más, viajarían. Tras la ruta por Italia el pasado verano, quedaba algún precioso enclave en dicho país por ver.

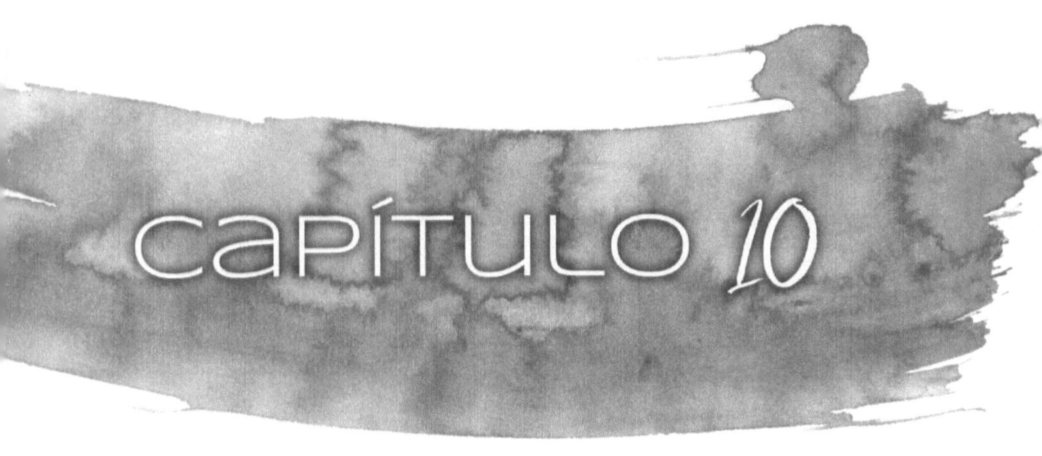

CAPÍTULO 10

anuela organizó un fin de semana para el puente de diciembre, Como siempre, el muy tozudo, no aprobó la idea de encontrarse en el aeropuerto de otro país, así que, perdió un día de sus vacaciones para viajar hasta Oviedo, donde tomarían un avión hasta Milán y, burlando la ciudad, tomarían un tren hasta Verona pasando dos noches en Venecia.

Al llegar a Venecia sintió que su amor por él se había desparramado por las aguas del Gran Canal. Aunque ya que el marco era incomparable disfrazó los sentimientos y no se permitió escuchar su interior.

Hacía mucho tiempo que no disfrutaban de un buen sexo. Ya no se sentía atraída por él. Su físico, le producía cierto rechazo, sin embargo su apetito sexual, le pedía un poco de marcha.

La segunda noche se desnudó e insinuó con facilidad. Él tampoco albergaba grandes deseos, pero no se quiso negar a su fuego. Se sentó encima de su cuerpo y con comodidad introdujo su pene en su sexo. Tras pocos movimientos, llegó al clímax y finalizó. Fue sexo rápido y simple, Él no deseaba finalizar, pero a ella no le importaba demasiado.

El primer día en Venecia, resultó atrayente y envolvente, pero el segundo, empezaba a resultarle aburrido pasear por las calles laberínticas y angostas. Venecia, había perdido el encanto.

El tercer y último día del viaje, ya de vuelta hacia la estación de trenes de Santa Lucia, donde tomarían un tren con destino a Milán, donde tomarían el avión de vuelta a Oviedo.

Como siempre, el galante Cristóbal, no le dejaba llevar peso. Ella insistía aceleradamente en coger algo de equipaje, pero él pensaba que no era decoroso que una mujer cargara con peso.

El camino desde el hotel hasta la estación, era incómodo, lleno de puentes, escaleras que no parecían terminar. Además había que sortear a varios transeúntes provenientes de la estación. Andaba a marcha ligera, dejando a Cristóbal a unos cien metros atrás, de vez en cuando daba la vuelta y desde lejos utilizaba el lenguaje corporal preguntándole si de verdad no necesitaba una mano.

Cristóbal, para ahorrar tiempo, había ignorado las ruedas de la maleta y cargado cada una con sus asas de mano correspondientes.

Desde lejos, contemplaba la situación y se sentía avergonzada. Parecía una varonesa abanderando el camino a su mozo de carga, el cual no se desprendió de las maletas hasta subir al tren y tras colocarlas en el altillo de los asientos correspondientes. Sentados, esperando que el tren partiera en unos quince minutos, ojeó como una turista más su bolso para comprobar que llevaba la documentación y los billetes.

De repente Cristóbal comprobó que el rostro de Manuela se tornaba sonrojado y empezaba a acalorarse buscando entre los bolsillos.

— ¿Qué pasa?

—Mi documentación, el carné de identidad, no lo encuentro.

— ¿Cómo que no lo encuentras? ¿Comprobaste que no dejaste nada en la habitación?

—Sí, de hecho no había nada sobre la mesa ni sobre el suelo, no entiendo.

—Manuela, joder, búscalo bien, el tren sale en unos minutos y sin documentación perderemos el avión.

Manuela volcó el bolso sobre el asiento de pasajeros, no había rastro del DNI.

— Mierda Manuela, eres la polla— dijo Cristóbal mientras rescataba las dos voluminosas maletas del altillo.

— ¿Por qué bajas las maletas?

—Venga, volvamos al hotel, es muy probable que el DNI esté sobre el escritorio de la habitación y con suerte alguna amable camarera lo habrá dejado en recepción, tomaremos el siguiente tren.

De nuevo Cristóbal repitió el camino, esta vez de regreso al hotel, sorteando maletas, escaleras y puentes, mientras ella tomaba carrerilla hasta llegar al hotel.

Manuela se defendía bien en italiano, lo había aprendido el último verano antes de visitar Roma, escuchando un CD didáctico mientras conducía y en ese último viaje, lo había mejorado notoriamente.

—*Ciao, ho perso la mia Carta de Identità*—dijo con voz sofocante y estresada al señor de recepción.

Deseando tener suerte, mientras subía por el ascensor visualizaba mentalmente la documentación sobre la mesa. Al llegar, comprobó en un primer golpe de vista que allí no había rastro de sus pertenencias.

Cristóbal la recibió en recepción, con dos rodales de sudor en su camisa, la cara empapada, la respiración fatigosa y apoyando sus brazos en las dos maletas.

— ¿Seguro que no está en tu bolso? Vuelve a buscarlo Manuela.

Llevaba un bolso grande, típico en todas las mujeres. Repitió la misma acción que tuvo en el tren, vació el bolso con desgana, para inventariar el contenido y de nuevo vio que no había nada. Se le ocurrió buscar debajo de la base del bolso, era una base que se deslizaba fácilmente, era un bolso de tela sintética y lavable. Justo ahí debajo, para su alivio, se escondía el carné de identidad.

Tuvo una mezcla de sentimiento de alivio y vergüenza, a la vez de culpabilidad por haber causado ese embrollo y como guinda del pastel de sentimientos, tenía miedo de las represalias.

Para su asombro, Cristóbal, se mostró aliviado y sin sentimientos de recriminarle nada.

Tras disculparse en recepción y notificar que habían encontrado la documentación, volvieron a emprender el camino hacia la estación.

De nuevo, Cristóbal cargaba con las dos maletas ignorando las ruedecillas. De nuevo ella abanderaba el camino. Por suerte otro tren con destino a Milán esperaba en el mismo andén que antes.

Suspiró una vez sentada y notó el apestoso olor a sudor de su novio. ¿Cómo podía oler tan mal? ¡Por qué leches no usaba colonia ni desodorante!

A su manera, era un hombre galante. Le tenía prohibido cargar peso, le pagaba regalos caros, le llevaba a originales y sofisticados restaurantes. Cristóbal era más feo que cuando lo conoció. Las entradas que bordeaban su frente estaban ensanchando, sería calvo en breve.

Estos eran los pensamientos que rondaban en su mente mientras daba vueltas en la cama de regreso a casa No dejaba de pensar en el acto caballeroso y heroico en Venecia, la carencia de apetito sexual, el aburrimiento de los dos cuando se sentaban en las terrazas de aquellos románticos restaurantes bordeando los canales. Definitivamente, el amor había fallecido.

Se concentró en los sentimientos que afloraban por él. Solo sentía pena. ¿Por qué sentir lástima? ¿A qué rumbo se dirigían esos sentimientos? ¿Tenía miedo de manifestar sus pensamientos? Miedo a su reacción, miedo a decirle lo que sentía. La única transformación que había transcurrido en su vida hasta ese instante, era pánico, miedo a continuar en una vida sedentaria que ya no tenía significado para ella.

Hacía más de seis meses que no visitaba Madrid. No se sentía con fuerzas. Las dos últimas veces, había sentido una asfixia imperante en su interior. No solo por pasearse por el andén hacia su encuentro. De repente, vio la realidad tal y como era. Su mente dejaba de manipular y distorsionar sus valores. Quizás había madurado, al menos comprendía cuáles eran las prioridades.

La realidad no sonaba bien, por fin había dejado de visualizar ese proyecto de vida conjunta. No deseaba vivir en esa casa que sus padres le habían comprado. Con o sin sótano, no era su hogar. Madrid no era su hogar, nunca le había gustado esa ciudad. Si ya se sentía enjaulada sin él… ¿qué vida le esperaba?

Ahora ya no estaba dispuesta a escuchar de su boca la palabra puta sin ton ni son. Eran broncas similares a tragedias griegas. Encerrada en su habitación le gritaba e insultaba y vejaba lo mismo que él a ella. Esta vez no iba a ser como las otras en las que, finalizada la discusión, acababa haciendo lo que él decía y como lo decía. Eso sí, al cabo de unos meses, quizás semanas, se volvía a levantar la sesión de broncas, gritos e insultos.

—Me has tomado el pelo durante mucho tiempo, me estás entreteniendo. Hemos pasado nueve aburridos años juntos. No me has dejado estudiar una carrera universitaria porque temías que llegara a ser más inteligente que tú. No me has dejado ni siquiera volver a Alemania para visitar a mis viejas amigas. E incluso te has esforzado en que me olvidara de ese idioma que suena a ladridos de perro. Todo para que nunca fuera menos que tú. Me has cebado como a los cerdos, dándome de comer cosas grasientas, para estar siempre un poco gordita. Ni siquiera me has dejado conducir aun teniendo carné. Te ha venido muy bien que viviera en un pueblo pequeño con poco que hacer.

¡Has acabado con mi juventud! ¡Me has entretenido, me has hecho perder el tiempo, me has chuleado! ¡Eres un chulo! No quiero saber nada de ti, he perdido toda la ilusión que tenía por compartir todo lo que soy y lo que tengo contigo.

—Manuela eres un putón, seguro que hablas así porque estás follando con otro—

—Ojala fuera un putón, ¡¡<u>Ooojalaaaaaa</u>!! De verdad, porque toda mi vida ha girado en torno a ti. Te he tenido siempre idolatrado, siempre he pensado que no había nadie mejor que tú— gritaba mientras mi cara se tornaba roja y se desencajaba.

—Dios mío, ¿Cómo no lo vi antes? Me has hecho un buen lavado de cerebro. No sé qué va a ser de mí ahora, pero seguro que todo va a ser mejor.

Lloró durante varios días y vivió un episodio de ansiedad. No lloraba por desamor, lloraba por rabia a sí misma, por resentimiento consigo misma, también lloraba por alegría de haber despertado de una pesadilla y a la vez sentía pavor de lo desconocido.

Cristóbal, también lloró, llamó suplicándole perdón. Ella le dijo que ya no le quería, que no le atraía, que le había decepcionado y se había llevado lo mejor de ella, su juventud, sus ambiciones. Él llegó a decirle que no le importaba ya construir el sótano, que sólo le importaba ella, que no encontraba más vida sin ella. Esa parte, aún le dolió mucho más.

— ¿Han tenido que pasar 9 años para que tú te des cuenta de ello? Si hubiera sido un poco más débil y sumisa, ésta amenaza hubiera sido una estrategia para hacerte cambiar de idea, pero tú has llevado la batuta en esta orquesta, y yo he vivido abnegada a tus decisiones, ahora esto no es una estrategia, soy más legal, esto es un ¡¡basta, no puedo más, no te quiero!! — le dijo llorando y gritando.

Todos en casa escucharon sus gritos y se enorgullecieron de ver a esa nueva Manuela, que hacía tanto tiempo debió de despertar de su pesadilla. Fueron todos, bastante discretos excepto su madre, que la apoyó y se jactó de su comportamiento.

—Por fin, hija te das cuenta de qué es un cara dura, llora todo lo que quieras, porque tienes mucho que purgar, a partir de ahora, vas a ser feliz, tú vas a poner tus reglas, tu propondrás tus decisiones, nadie en ésta vida te va a limitar. Y nadie más te llamara puta. ¿Me has escuchado?—dijo su madre con emoción de haber recuperado a su hija.

Esa noche, la familia Murillo Arias, durmió plácidamente. Su primogénita había exorcizado a su demonio.

Manuela cambió de número de móvil una semana después, harta de recibir llamadas de la familia de Cristóbal, tratándola de convencer, de negociar una última estrategia. Antonia estaba dispuesta a poner en venta cualquiera de sus casa, y con ese dinero comprarle una casa a Cristóbal cerca de la suya en Asturias, tras su negativa, y a pesar de ser bastante educada con ella, explicándole que sus sentimientos no eran los mismos, tuvo la osadía de deducir que se había enamorado de otro hombre. Cristóbal también llamaba y al ver que no descolgaba el teléfono, llamó a la hermana rogándole que intercediera, puesto que él estaba seguro de que su terapeuta apuntaba maneras de ser una especie de secta en la que te hace un lavado de cerebro e inducen hacer cosas de las que nunca estarías dispuesto a hacer.

—Cristóbal, hasta ayer he sido correcta contigo, pues eras el novio de mi hermana, pero llevo años guardándome muchas cosas. Me da mucho asco la forma en que me miras, mi hermana estaba ciega, nunca se fijó que en obscura mirada hacia mí. Eres un cerdo y aquí el único que ha lavado cerebros, eres tú. ¡Por favor déjanos en paz!

Manuela soltó lastres, pero quedó desvalida como una paloma con las alas rotas. Su voz fallaba, era su talón de áquiles, con facilidad se quedaba afónica. A decir verdad, se debía a aquellas intensas broncas repletas de gritos e insultos tras el auricular. El diagnostico, nódulos en la garganta. Había que trabajar con el diafragma para no forzar la garganta y eliminarlos. De este modo comenzó a frecuentar un foniatra y conoció varios profesionales de la canción. Verles, le daba envidia ¡Cómo le hubiera gustado a ella ser cantante! Así que decidió comenzar a plasmar el sueño, una vez recuperada, se apuntó a clases de canto.

Meses después, Manuela decidió concertar de nuevo consulta con Osvaldo, quería darle las gracias y que le orientase en ésta nueva vida que estaba iniciando. Osvaldo se alegró mucho de sus cambios, le contó sus proyectos y dijo algo que en ese momento no entendió, pero el tiempo se lo haría entender:

—Ahora tenemos que averiguar el por qué.

—No entiendo, Osvaldo.

—Sí, tenemos que averiguar, qué motivo te hizo en su momento empezar esa relación, porque es el mismo motivo que te hizo mantenerla a flote con ausencia de atracción y me atrevería a decir de amor.

CAPÍTULO 11

upita Valenzuela era gran amiga de sus muy pocos amigos. La edad, experiencias, la adaptación a una vida germánica y su profunda creencia espiritual, la habían hecho un ser poco cercana para cualquier nuevo conocido. Por ello se la caracterizaba como mujer llena de enigmas y secretos.

Sin embargo, tras esas diecisiete horas y veintinueve minutos, Lupita quería a Manuela como a una hermana pequeña. Sentía que debía protegerla. Nadie hubiera atisbado los paralelismos entre las dos. Las dos eran niñas sin un Yo.

Una niña llena de luz, imaginación, con un pasado vacío sin encontrarse con lo que anhelaba. Al igual que Manuela, Lupita estuvo muchos años queriendo acabar con su vida y creando una ilusión paralela para sobrevivir.

Lupita calificaba a esas mujeres como niñas sin un Yo; niñas incomprendidas y censuradas por sus padres. Deseando encontrar la aceptación de un varón, susceptibles de entregar su alma y luz a seres llenos de débiles y manipuladoras llenos de sombras. Las niñas sin un Yo, son niñas sin armadura, extremadamente sensibles, kamikazes de sus intensos sentimientos Deseosas de entregar toda su pasión por una sutil caricia, por un simple guiño.

Meses después de coronarse como Miss México, inició un noviazgo con Víctor Arteaga un multimillonario y carismático político, veinte años mayor que ella. Embriagada de los lujosos regalos del Sr. Arteaga, tardó menos de un año en mudarse a una de sus haciendas. Fue entonces cuando se inició un declive en su carrera como modelo. Víctor quería una mujer florero, que fuera de compras, saliera a montar su caballo y fuese una perfecta anfitriona de reuniones con gente de igual o superior linaje. Sólo valoraba la estética lo bello. Lupita tenía demasiado temperamento, el cual contuvo, puesto que estaba perdidamente enamorada.

Nadie imaginaba que aguantaría tantos meses a esos cuatro hijos de Victor Arteaga y a dos ex esposas despechadas. La segunda fue motivo de que Víctor se cansara de su primera esposa, a esta segunda le llegó su turno cuando apareció Lupita.

Marcela, la madre de Lupita, no cesaba de insistirle y renegar con la misma frase:

—Hija, no seas pendeja, no ves que pronto se cansará de coger con usted y se pondrá a retozar con otra.

El día que Lupita plantó cara a Víctor, este la despojo con rabia su vestido de lunares, los botones volaron por la habitación. Suprimió su resistencia con una fuerte bofetada que le ensordeció un tímpano. La poseyó con su corpulencia sin piedad, accediendo a su contraído interior, pensando incluso que le estaba dando lo que ella quería.

—Ahora ya te puedes marchar— dijo mientras se subía la cremallera abrochaba el botón y colocaba la hebilla de su cinturón justo en el ojal más hendido.

Desde ese día nunca más le volvió a ver. No lo denunció, no se sentía preparada para semejante escándalo. Además de las inescrutables represalias, Víctor tenía muchos amigos metidos en el gobierno que le debían muchos favores. Temió por su vida. Estuvo teniendo pesadillas durante meses.

Poca gente era conocedora del pasado de Lupita. El hecho

de trasladarse a Europa fue una perfecta excusa para enterrar ciertos recuerdos y empezar desde cero.

Con los años y las duras experiencias Lupita se había convertido en una mujer muy religiosa. Pero su religión no era convencional. No frecuentaba las iglesias los domingos, ni llevaba colgadas imágenes religiosas en el pecho. Sin embargo, siempre se encomendaba a su Diosito.

Sus consejos eran dulces plegarias envueltas en palabras clave, la madre naturaleza, los karmas, memorias de otra vida, amor incondicional.

"Dios no te lo da porque no es el momento consagrado, cuando lo puedas disfrutar Diosito te lo dará." "Tranquila, lo vas a tener, lo mereces por justicia divina" Esas solían ser sus frases más usadas.

— ¿Por qué no te haces llamar Guadalupe Ziegler?

—Porque nuestro casamiento tuvo lugar en mi país. En México somos más feministas que acá, una no se cambia el apellido así que tal.

—Sí, igual que en España.

—Ay Manuela, me gustó mucho platicar contigo. Me recuerdas tanto a cuando yo tenía tu edad, y me encoleriza, porque me gustaría que mandaras a la chingada a todos esos cabrones, para ahorrarte disgustos, pero parece ser que una no aprende sin que la hieran y bien hondo.

—Lupita, dices que te recuerdo a ti. ¿Eras como yo?

—Si *mijita*, cuando descubrí el sexo y lo deseada que mi cuerpo era en por los hombres, perdí un poco la cordura. Recuerdo que para controlarme, si me gustaba mucho un chico, tenía que salir masturbada de casa, pero con el tiempo todo se armoniza y valoras otras cosas más importantes. Aprenderás a valorarte, a quererte, a aceptarte. Tienes ahorita mucho trabajo que hacer Manuela y algún día, al igual que yo, conocerás a un hombre maravilloso que te amará como mereces.

— ¿Cómo conociste a Adam Ziegler?—preguntó la joven

—En México. Adam trabajó como técnico de imagen y sonido en los estudios cinematográficos de Baviera; Filmstadt, Yo hacía un reportaje sobre Miss México, en playa del Carmen, Cancún, con su discreción y diplomacia me conquistó, además de que era muy buen mozo mi alemán; alto, de piel clara, robusto con ojos azules y esa barba de tres días con reflejos cobrizos, pero no fue amor a primera vista.

Adam la contemplaba tras el objetivo de la cámara. Sin que ella lo apreciara. Jugando con el zoom llegaba casi a acariciar esas tersas piernas de vértigo, a atisbar ese grueso lunar que se posaba en una de sus costillas. Tras el objetivo, leía sus ojos, su cansancio o felicidad, hasta sus pensamientos y antojos. Mientras tanto, Lupita, inocente de la sensibilidad de una cámara, flotaba en un mundo lleno de sueños en los que era muy difícil tocar tierra firme. Afortunadamente, alguien la vigilaba y velaba por ella.

Hacía tres años que junto con su marido Adam Ziegler, había creado la productora audiovisual *Backgrounds&Productions*. Proyecto que junto con la maternidad ambos soñaron fundar. La maternidad se antepuso, Lupita quería ser madre antes de los treinta.

A pesar de dar a luz a dos hijos, Erich y Sebastian, su cintura solo había aumentado dos centímetros. Como ella decía, a centímetro por chamaco. Sus dientes seguían blancos y relucientes. Su escote, tras el aumento de pechos, era un poco más sugerente que en su época como reina de la belleza. También había añadido a su físico unas infinitas uñas de gel excesivamente ornamentadas de flores, diamantes de Swarovski, tallos y hojas de rosa con tonos dorados. O con estampados felinos de tonos rosados, a veces naranjas. Era la única cualidad que podía restarle belleza natural a semejante exótica fémina de la península de Yucatán.

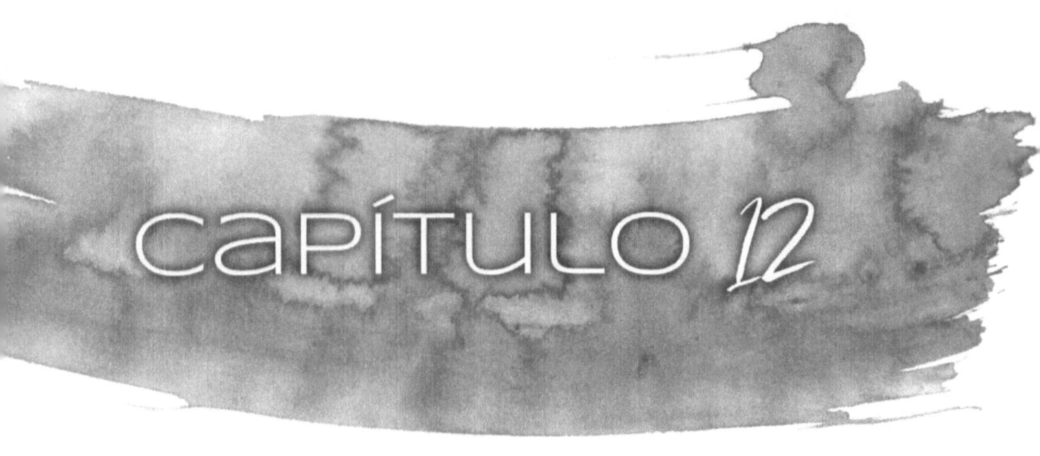

Durante el periplo en Los Ángeles, se alojaron en aparta hoteles, acompañadas de las modelos que participaban en el concurso, los estilistas y cámaras.

La primera noche hubo una fiesta de bienvenida en el comedor común. Había un grupo de músicos que componían una improvisada orquesta. Eran buenos tocando, pero no cantando. Manuela abandonó la cena sin disculparse, se acercó a uno de los guitarristas y le susurró algo al oído, sin importarle si les podía desconcentrar. El músico asintió con la cabeza y le hizo un gesto al batería. Este le entrego a Manuela una carpeta llena de partituras que ojeó con emoción.

—Va a cantar—dijo alguien del equipo de producción cuando vio que el batería le acercaba a la española un micrófono.

La acústica que sonaba era reconocida, todos habían dejado de comer y estaban expectantes por escuchar la voz de Manuela. Su rostro mostró el lado más nostálgico y débil empezaba a meterse dentro del papel. La primera frase de la canción, tenía un tono angelical que permaneció regular hasta llegar al estribillo, donde su buen tono quedaba en perfecta exposición. Interpretaba la canción "DistantDreamer de Duffy".2008

La letra tenía mucho que ver con ella. El estribillo decía: Soy una soñadora, una soñadora en la distancia, soñando lejos de lo que tengo hoy.

Lupita la miraba emocionada, asombrada, esa niña ¡Era una caja de sorpresas!

Todos aplaudieron con fervor y pidieron que cantara otra y otra más.

El camarero le acercó un refrigerio —Señorita, invita la casa a cambio por favor de que siga animándonos la noche con esa linda voz—

Manuela se atrevía con todos los registros y de todas las épocas. *Mariah Carey, Whitney Houston, Amy Winehouse*. A partir de ese día todos bautizaron a la asistente de la señorita Valenzuela como La cantante.

Diario de Manuela Murillo

Nací artista. Aprendí a cantar antes que a hablar. No era consciente de lo que significaba ser guapa o fea. Tampoco era consciente de si caía bien o mal. No sabía si era una niña deseada o un error de una noche.

No sabía si mis padres me querían, no era consciente de muchos miedos o prejuicios. Pero en aquel instante; yo, ya era una artista.

Mis primeras frases no eran demasiado claras. Tuve prisa en aprender a hablar, porque quería cantar o recitar mientras bailaba contoneando mi cintura.

Y seguí siendo así...cada año con más maneras de artista. Aunque mi padre me repudiase, aunque mi madre fuera inmadura. Mis maneras eran exageradamente de artista.

Mi padre no me soportaba. Él, frustrado por haber nacido en el seno de una madre soñadora y fantasiosa, que siempre quiso ser actriz, me penalizaba por cada canción baile o interpretación de anuncios televisivos o incluso frase original. Recuerdo aún sus amonestaciones, grabadas en mis células como mantras.

"Tienes pájaros en la cabeza"," Tienes una fantasía muy peligrosa. La vida no es como tú te crees"," Como sigas así vas a acabar muy mal", "Ojala te supieras la lección tan bien como los anuncios y musicales". Y otras frases más que todavía a día de hoy no entiendo el significado.

Me atrevía con Isabel Pantoja, Alaska, Olé Olé. E incluso me vestí de negra zumbona en un final de curso interpretando así a la cantante de La Lambada. La gente se reía mucho, algunos parecía que se burlaran. Yo odiaba que se riesen puesto que todavía no distinguía la diferencia entre burlarse y reírse. Sin embargo, cuando actuaba me daba exactamente igual. Me dejaba transportar por el papel que tenía que hacer y el público desaparece desaparecía ante mis ojos.

Nací artista, mi madre lo sabía y aun así, nunca me entendió. Nunca me apuntó a teatro ni a clases de arte dramático. Por muy especial que ella creyera que yo era...

El hecho de que mi madre no se reafirmarse en mi séptimo arte, no fue importante. Para mis padres, no era un denominador común. Y fue duro de digerir.

Lo más importante fue que con diecinueve años estaba llena de ilusiones y proyectos. Quería estudiar arte dramático y compaginarlo con clases de canto.

Sin embargo Cristóbal no me dejó. Él decía que todas las cantantes actrices y modelos habían acabado mamándosela debajo de la mesa a algún directivo seboso. Y que el lecho era una condición sinequanone para conseguir cualquier papel. Además, aunque no fuese así, Cristóbal nunca hubiera permitido que yo rodara escenas de sexo, incluyendo besos en la boca...Es que, ni siquiera se me pasó por la cabeza comentarlo. Directamente fue una ilusión que no dejé si quiera aflorar en mis sueños.

Todo esto hizo que me perdiera maravillosas experiencias, que viviera en censura durante dos décadas.

CAPÍTULO 13

Los tres meses en Los Angeles fueron una maravillosa experiencia para las dos.

Lupita se acostumbró a la necesidad vital que sentía su asistente de cantar a todas horas. Durante el trayecto de los aparta hoteles, a los estudios cantaba un par de canciones. Tenía un timbre de voz precioso. La situación, a veces, le recordaba a cualquier película de los años sesenta.

—Esta semana tendremos un rodaje menos denso, una marca de perfumes, les ha pagado a las modelos, una excursión a San Francisco. Nos adentraremos más en los estudios y veremos si puedes asistir a alguna audición, cuando te escuchen les vas a enamorar.

—¿Tú crees? Ojala… Hay muchas voces bonitas. Quizás se trata de estar en el lugar apropiado el momento indicado.

—Es cierto, es algo así, pero cariño, tengo un viejo amigo que trabaja para la Warner Bross, veamos si nos puede indicar qué pasos hemos de seguir. … ¡Estamos en Hollywood!—aclamo Lupita con un grito mientras conducía su Chrysler descapotable.

El conocido de Lupita, se llamaba Javier Hawkins.

—Buenos días, con el Sr Javier Hawkins ¿Por favor?

La secretaria de Javier no tardó ni un minuto en pasarle la llamada.

—Javier soy Lupita.

—Lupita, comadre, ¿Qué se te perdió por Los Angeles?

—Mi productora está rodando "La siguiente Top model alemana", estaremos acá tres meses. Escucha, tengo una asistenta que es la bomba, me da mucho gusto que se conozcan. Canta como los ángeles. Sus papas nunca le dejaron asistir a castings o audiciones, me gustaría que la escucharas.

—Lupita, como los ángeles, ¿Una alemana? pero tráemela cuando quieras, será un placer escucharla.

—No es lo que te piensas manito, nació en Alemania, pero sus papas son españoles. Posee ese fuego y esa rabia española tan característico. Ya me entiendes.

—Eso es otro cantar. Pues, ¿Por qué no se pasan por acá sobre la hora del almuerzo?

Javier Hawkins podría ser un hombre un poco más interesante si no llevara ese bigotito estilo Cantinflas. Era un hombre de rasgos indígenas. Bajito, pierna corta, con mucha mata de pelo, color negro azabache. Muy simpático, llano y cercano.

Se podía visualizar el estado financiero de sus cuentas, viendo el ostentoso mobiliario de su despacho y la caída de su traje.

Ese día, no escuchó la voz de Manuela. Se dedicó a conocerla, a contemplarla con los ojos de los que quedó prendado, además de por el bello y candil rostro.

Manuela apreció que conforme iba hablando él, la empezaba a desear. E incluso aprovechaba cualquier movimiento, para tomarla por la cintura o apremiar su actitud tocándole el brazo u hombro. Pensó que serían maneras de ser. No le dio demasiada importancia, ya que Lupita tampoco se la dio.

— ¿Tiene alguna maqueta? ¿Alguna canción propia?

—No. Nunca se me pasó por la cabeza. Mis padres nunca le dieron valor a mi voz. Ha sido Lupita quien me ha descubierto y me ha hecho sentir que mi voz es bonita.

—De acuerdo, pues vamos a grabar su voz en el estudio. Para que otros colegas del *Warner* la escuchen. Véngase mañana a nuestra discografía. Allí la podrán escuchar todos los de mi equipo.

La audición fue todo un éxito. Manuela se atrevió con sus dos ídolos: Whitney Houston y Mariah Carey. Pero, aprovechando que su segunda lengua era el alemán. Se atrevió a cantar un trozo de Opera de Wolfgang Amadeus Mozart , Die Zauberflöte, pieza que nunca se cansó de escuchar en la voz de María Callas. Tras finalizar las pruebas de voz, se reunió con Javier y otros de sus colegas. Los cuales ni siquiera se habían presentado.

No sabía con quien hablaba. Con los nervios, no se atrevió a preguntarles los nombres. Quizás si se habían presentado pero ella, sumida en una marea de nervios habría olvidado ese detalle.

El más joven de todos era quien lideraba la reunión, sentado en el lado de la mesa presidencial, en frente de un monitor de tamaños inconmensurables.

— ¿Te gusta la lírica? Tienes una voz de mezzosoprano excelente—dijo con deje español.

—Mucho. Me encanta. Contestó la joven emocionada.

—Nos has dejado boquiabiertos, tienes un timbre especial. Me has recordado mucho a una cantante española que se llama Malú, tienes la misma fuerza que ella al cantar.

—Sí, claro, conozco a Malú. Soy una de sus fans incondicionales. Bueno ella también es mezzosoprano.

—Las dos tenéis juventud belleza y fuerza. ¿También cantas por bulerías?

—La verdad es que toco todos los palos. Me gusta tanto la música que me atrevo con todo. Hasta con la copla. Creo que es gracias a la facilidad de interpretación.

Javier acompañó a la joven hasta la puerta y tras despedirse cariñosamente, la invitó a cenar esa misma noche.

—Bueno hablaré con Lupita, quizás ella tiene algún compromiso.

—Manuela, no quiero que Lupita cene con nosotros. Sabes, esta situación de Lupita y tú, me recuerda a la época en que las artistas Españolas, venían con sus mamás, las cuales hacían tanto labores de guardaespaldas como de ahuyenta- moscones. Tú ya eres mayorcita. Además no trabajas con Lupita las veinticuatro horas. Platicaremos de los planes que se me ocurren para lanzarte al estrellato.

—Es verdad. Nos vendrá bien a las dos un descanso—dijo un poco avergonzada de tener que ir siempre custodiada. Ya era mayorcita.

Un chófer de Javier la recogió en su apartamento y llevó hasta un precioso restaurante llamado *Seaside Palace*, ubicado en *Sepulveda Blvd*

El restaurante era una inspiración de algún palacio del Medio Oriente. Con techos cubiertos de pan de oro, columnas policromadas y arcos lobulados.

Javier esperaba en la mesa más cercana a las vistas de la playa. Con su bigote recortado, vestido con uno de tantos trajes de sastrería. Y como aquella mañana, olía especialmente bien.

Empezaba a atardecer y las nubes se entremezclaban los colores rosados con los nacarados. Manuela, llevaba un vestido largo y estampado que le cubría el torso hasta el cuello, su espalda quedaba descubierta hasta el comienzo de su cintura.

Javier se levantó para recibirla mientras que un camarero la invitaba a sentarse. —Estás deslumbrante Manuela.

—Gracias. No me llame tonta Javier, por la pregunta que le voy a formular; el estilo arquitectónico árabe me da alguna pista, pero, ¿Qué tipo de comida se sirve aquí? ¿Marroquí, Sirio…?

—Es un restaurante de cinco estrellas. Hay una actuación de mujeres bailando la danza del vientre. Le pedí al mesero que trajera el mejor vino de la casa. La comida es fabulosa, ¿Tienes alguna alergia o intolerancia a algún tipo de comida?

—No hay problema me atrevo con todo, pediré lo mismo que usted.

—Ok, Bueno, cuéntame. ¿Estás emocionada?

—Sí, me encanta trabajar para Lupita es tan hermosa, desde lejos puedes medir la longitud de sus pestañas. Tiene una belleza única, por dentro y por fuera. La admiro y estimo mucho. Quisiera ser como ella.

—Bueno, eres su mano derecha.

—Sí, pero al lado suyo, me veo poca cosa.

Javier se quedó mirando a Manuela como si fuese una niña caprichosa que mirase en el escaparate la muñeca de sus sueños. Acarició con sus dedos su mentón y dijo:

—Manuela, ¿No te has dado cuenta de que tú tienes algo que ella nunca jamás tendrá?

—No, ¿Qué es?

—Juventud, cariño. Si la observas puedes denotar que está más cerca de los cincuenta que de los cuarenta. Tú rebosas juventud, así que no pierdas el tiempo mirándola como si fuera tu Diosa. Cada edad tiene su encanto. Ella seguro que anhela volver atrás en el tiempo y disfrutar de lo que no valoró o disfrutó en su momento.

—Sí, no había pensado en ese detalle.

—Bueno, pero cuando te preguntaba si estabas emocionada, me refería a la grabación de tu maqueta. Supongo que como artista significa rozar el punto más álgido de tu carrera. .

—Bueno, pues, aun no me lo creo Javier. Discúlpeme si le ofendo, pero estoy un poco alucinada con esta historia. Me siento mal, no quiero que apuesten por mí, solo por el hecho de ser la asistente y amiga de Lupita Valenzuela.

—Muchacha, has topado con alguien diferente. Tú voz es auténtica y celestial. Y sí, me propongo lanzarte como cantante y, no solo lo conseguiré, si no que será a nivel internacional. Le harás sombra a las muchas divas que ahorita idolatras, ya verás.

—Lo siento, no puedo creer que todo esté en sus manos.

—Muchacha, todo lo que quiero lo consigo. Siempre ¿Quieres que te lo demuestre? ¿Quieres saber dónde emana la fuerza?— dijo mientras acariciaba su mano con suavidad.

—Imagino que ya lo sé. El dinero mueve el mundo, pero por favor, no acaricie mi mano. En ningún momento me he insinuado —Dijo Manuela nerviosa apartando sutilmente su mano.

—No, no lo ha hecho, he sido yo, que no puedo contenerme. Desde que la vi la deseé con locura, la hubiera agarrado en una esquina y la hubiese besado hasta dejarla sin aire y ahora mismo no me puedo reprimir.

—Bueno, pues esto siempre es cosa de dos. No quiero sonar descortés pero…

— ¿Por cuánto dinero lo haría?

— ¿Cómo?— perdón, pero mire, lo de grabar un disco, tampoco es tan importante para mí, tengo un trabajo, tengo una vida, quizás no tengo la edad idónea para arrasar con otras divas ya asentadas, ni lo pretendo. Y sinceramente, no estoy dispuesta a prostituirme por un disco.

—Manuela, no te estoy haciendo chantaje. Mi discografía te sacará al estrellato sin chantajes. Esto que te ofrezco es a título personal. Como te he dicho, suelo conseguir todo lo que me propongo. Y te lo estoy demostrando. Pon un precio, pon condiciones. Quiero que tu cuerpo sea mío por una noche. Sé que no soy su tipo, pero lo podemos solucionar…

Manuela podía escuchar el bombeo de su corazón a un compás más rápido alternado con su fuerte respiración. Se sentía atacada. Quería escapar. No quería beber, ese vino tan caro. Un vaso de agua oxigenaría su cabeza y la haría serenarse y actuar con mano izquierda.

—Por favor, Javier, pídame un vaso de agua.

—Entiendo que te hayas asustado. Para mí no existe lo caro o lo barato. Existe lo interesante y autentico. Y si me gusta, lo pago. Eso no significa que te tenga que tratar mal o que tú estés haciendo algo mal. Soy inofensivo y aunque lo fuese, no podría hacerte nada malo. Sabes mi nombre, donde trabajo…y lo peor, mi comadre te adora, así que, me cortaría los huevos. Será algo agradable. Prometo tratarte muy bien Manuela. Si lo hacemos, gozaremos los dos. Esta noche no va a pasar nada que tú no quieras. Te llevaré hasta tu aparta hotel y me despediré de ti con un beso en la frente, o en la mano. No es mi intención extorsionarte tratarte como una prostituta, aunque suene contradictorio.

Manuela alzaba su vaso de agua con un temblor en su mano difícil de disimular.

—Sabe, pienso que término prostituta merece una nueva definición por la RAE. Solo he tenido un novio y constantemente me llamaba puta.

— ¿Y cómo lo consintió?

—No me respetaba a mí misma. Nunca me quise, siempre pensé que demasiado afortunada era de tenerle.

—Manuela, yo si la respetaré. Si le pago, tómeselo como un presente.

A pesar de haber empezado con mal pie, la calma y dulzura de Javier apaciguó a Manuela. El tono de su voz era dulce. Tenía don de palabra, era buen conversador. Le hablaba de cantantes famosas, de manías de algunas celebridades. De cómo cosechó sus primeros éxitos en Los Angeles.

La comida estaba exquisita. La actuación de las mujeres bailando fue espectacular. Y tras la cena, como digno caballero, la llevó hasta su apartamento.

El silencio instalado en el lujoso Cadillac negro de Javier, la ayudó a hacer balance de la velada, sin saber por qué, con ese hombre tan poderoso, se sentía en paz. Más protegida que nuca antes con otro hombre.

Quizás el motivo era el lujo que tanta quimera le provocaba. Sé podía ser muy feliz llorando en el interior de ese Cadillac con tapicería de cuero y climatizador en el interior de los asientos. El trasero quedaba bien fresquito, cosa que favorecería al calentón albergado en el interior de los calzoncillos de Javier Hawkins.

Javier paró el coche en la puerta del hall del hotel de Manuela y se dirigía a abrirle la puerta a su damisela cuando ella le frenó colocando con fuerza la mano en su brazo.

—Ya lo he pensado Javier—Dijo Manuela.

— ¿Qué pensaste?

—Lo haré.

—Has hecho algo mal Manuela, primero tenías que haber fijado un precio— dijo sonriendo.

—No, no quiero ponerme un precio, quiero que me des lo que tú quieras.

Javier reía sin control.

—No entiendo, ¿Ahora por qué te ríes?

—Manuela, eres una mujer tan ingenua e inocente.

—Hablemos claro no puedo darte mucha plata, en el aeropuerto de Los Ángeles hay perros entrenados para detectar dinero negro. Además, el gobierno de tu país te podría investigar si de pronto recibes un ingreso sustancioso. Te extenderé un cheque de 10.000$ ¿Te parece bien? Confía en mí, hay plata en el banco.

—Manuela respiro profundamente y asintió con la cabeza.

—De acuerdo, ahora vete a dormir—

—No. Javier, quiero hacerlo ahora.

— ¿Ahorita?

—Quizás mañana me arrepienta. Me siento bien con usted he pasado una velada inolvidable. Permitamos que esta noche envolvente arrase con todo.

— ¿Estas segura jovencita?

—Sí. Quizás mañana no.

—Pero solo le pido una cosa—dijo Manuela.

—Dígame—

—No quiero que Lupita lo sepa, no quiero que nadie lo sepa.

—Nadie lo sabrá, ahorita me toca a mí pedirte una cosa— dijo Javier

—No me llame de Usted, en México es muy coloquial, pero ustedes los españoles llaman de Usted cuando se tienen que poner serios y exclusivamente a los viejos. Sé que soy veinte años mayor, pero por favor, olvidemos ese detalle por unas horas, me gusta mucho la forma de hablar de los españoles cuando se tutean.

—De acuerdo no lo haré— dijo Manuela riendo.

Manuela había hecho todo lo que Javier le había pedido. Como intuía, nada excéntrico, había desabrochado sus pantalones. Él había acompañado dicho gesto arrastrando su ropa interior por sus piernas, quedando así desnudo parcialmente. Manuela le hizo una felación sin pedirle que se pusiera un preservativo. Mientras lo hacía, sentía que no hacía las cosas bien, no le había exigido ponerse protección, pero quizás iba en el precio… Minutos más tarde, Javier extrajo un profiláctico de su cartera y le pidió a la joven que se lo colocara en su pene con la boca.

Javier no forcejeó con ella, fue gentil y trató en todo momento de hacerla sentir a gusto. Cuando finalizaron Manuela se quedó mirando la lujosa lámpara del techo en silencio. Tras reponerse, Javier pidió otro deseo.

—Me queda un capricho más que hacer contigo, ¿Me lo concederás?

—Supongo que sí, dime, de qué se trata— dijo Manuela inclinada en la cama con los pelos revueltos.

—Me gustaría que me cantaras en la ducha.

— ¿Quieres que nos duchemos juntos?

—No, me expresé mal. Quiero ver cómo te duchas mientras cantas algo sensual…

—Algo sensual…—Dijo Manuela mientras pensaba en alguna canción.

Manuela no sabía si había sido una buena puta, pero cantar, improvisar e interpretar, se le daba muy bien. Sin dudarlo, supo cuál era la canción indicada y entonó tras dos carraspeos:

All that I have is all that you've given me
Did you never worry that I'd come to depend on you

— ¡Stop de Sam Brown! Perfecta elección para volverme loco, venga, a la ducha— dijo Javier mientras le daba una palmadita en el trasero.

I gave you all the love I had in me now
I found you lied and I can't believe it's true
Oh you'd better stop before you tear me all apart
you'd better stop before you go and break my heart
ooh you'd better stop

Manuela cantaba tomaba el teléfono de la ducha como mi-crófono y movía su cuerpo al compa de la sensualidad de dicha canción.

Diario de Manuela Murillo

La vuelta a Múnich ha sido difícil. Me había adaptado a la vida en Los Angeles. Había aprendido tanto en los estudios de cine... Yo que siempre he adorado el cine americano... La audición en Warner...Había sido todo como un sueño. He hecho amistad con las modelos. Algunas de ellas son un verdadero encanto. Me llevo toda esa experiencia como lo mejor de mi equipaje.

Lo más importante es que tengo una hermana mayor. Lupita me quiere mucho. Es un ángel caído del cielo. Es mi protectora. Le he hablado a mamá de ella.

La experiencia con Javier...por mucho que trate de analizarla como negativa... no le encuentro nada malo. Fue dulce, fue tierno. Nunca me hubiera acostado con él gratis, porque no me atraía su bigotito ni su estatura de 1.60cm, pero por lo demás... Olía bien, vestía bien y no era ningún loco fetichista que me pidiera atarle y ponerle un esparadrapo en la boca.

Quise disfrazar el dinero. No sería bueno embarcar con ese cheque. Me compré un anillo en Tiffany's que escondí en mi neceser.

Ahora debo centrarme en esta nueva vida que me espera en Múnich. Seguir trabajando para "Backgrounds&Productions" es un verdadero lujo.

Lo de la carrera como cantante...No me lo creo. No he recibido noticias del asunto.

Javier dijo que si regresaba a Alemania iba a ser difícil progresar con las grabaciones.

Pero no puedo dejar a Lupita en la estacada. Además, no soy tan buena como él dice.

Intenté restregarles a mis padres mis éxitos en Los Angeles, pero los muy desgraciados no vieron nada positivo. Ellos piensan que siempre nado entre fantasías...

Te van a tomar el pelo.

Ten cuidado que eres muy ignorante.

Ten conocimiento y no fantasees.

Si esa es una forma de quererme, prefiero que me odiéis. Entre ellos y Cristóbal...en fin, así me ha ido hasta hoy.

* * *

Tengo una nueva amiga. Martina. La conocí en el tranvía, nos veíamos cada día, a la misma hora, y entablamos amistad. Martina me esperaba en la estación central de Múnich a las 7:00 de la mañana. Era un día del mes de enero. Yo estaba habituada al duro frío alemán. Martina, la clásica Argentina, acostumbrada a recorrer el mundo con una mochila, deseaba con fervor visitar Dresden. Nunca antes había salido de Múnich. Ni siquiera cuando vivía aquí. Mis padres vivían por y para trabajar, nunca organizamos una excursión ni me dejaban realizar excursiones con la escuela de trayectos largos.

Llevaba como desayuno depositado en el estómago: zumo de naranja y un café.

Nos dirigíamos a la estación de Olympiazentrum, donde está el campo de futbol del Bayern de Munich.

Allí, a las 8.00, nos espera un tal Thomas, con un mercedes negro.

No sabíamos cómo era, viejo o joven, alto o bajo, lunático o borracho. Lo único que sabíamos es que iba camino a Dresden y que en su coche tenía dos plazas libres.

Le encontré en un portal de Mitfahrgelengeit donde la gente que con frecuencia hace trayectos largos con el coche, se anuncia para compartir costes. Sólo tuvimos que pagar 20 euros la ida y 20 la vuelta, cada una. Salía económico viajar así. Si el tío es un pirado, en Alemania no se andan con remilgos, directamente le echan de la asociación de Mitfahrgelengeit. .

Una compañera del trabajo suele hacer uso de este servicio cada quince días, ya que su novio vive en Stuttgart. Casi siempre le toca gente encantadora, que a la llegada a Stuttgart la lleva al domicilio de su novio y, a la vuelta a Munich la deja en la puerta de su casa. Pero hace dos semanas me contó que pilló a una maniacodepresiva, que conducía como si estuviera posesa.

Ya alerté ayer a Martina: —en mi pueblo las tías estarían cagadas por si ese tal Thomas, en vez de llevarnos a Dresden nos lleva a la era, pero claro, en Alemania no hay era, igual hasta tenemos suerte.

Aunque… igual, si está bueno, dejaría que me lleve al bosque y sea un lobo malo.

Llegábamos a la estación OlimpiaZentrum. Mientras subíamos las escaleras mecánicas sentimos las dos con una opresión en el bajo vientre tremenda. Teníamos pis. Íbamos con la hora justa pero el trayecto a Dresden era de unas 5 horas. Cómo no orinásemos, pasaríamos un mal rato en el coche de Thomas.

Iba medio dormida y andaba por inercia. Ayer tuvimos una fiesta benéfica en la casa de Perú de Múnich. Comí empanadas de carne. Estaban asquerosas, pero…cuando no hay de lomo, de todo como. Quemé las calorías bailando salsa como un pato, pisando a mi pareja todo el tiempo y evitando nuestro contacto visual. Odio la salsa, la detesto. Pero en Alemania, solo se baila salsa. Encima mitifican al español. Se piensan que por nuestra nacionalidad, llevamos la salsa en la sangre.

Seguía a Martina, confiaba en que ella, guiaría mis pasos. Pero Martina estaba más derrotada que yo. Se retiró más tarde y bailó más y mejor.

Mientras empujamos la puerta de salida, tomábamos consciencia del gran error que acabamos de cometer. Ya no había vuelta atrás. Nos mirábamos aterrorizadas. ¿Cómo no leímos el cartel antes? ¿Por qué confié en ella? Soy yo la que entiende el alemán. Dios mío, ¿qué hacemos ahora?

Fue un acto rápido, de tres segundos. En el segundo número dos, ya era consciente de nuestro gran error, pero en el segundo número tres, era consciente de que no había remedio.

El cartel de salida en Alemania es: AUSGANG. En esa puerta de emergencia con barra lateral donde se empuja la palanca hacia abajo, había una ancha pegatina roja que ponía AUSGANG, pero a esta palabra, se le anteponía otra que hacía cambiar completamente el significado de AUSGANG; esta palabra era la preposición KEINE (sin). En frente de nosotras, en grande, leíamos ya, tarde KEINE AUSGANG. Observábamos las dos letras desde el otro lado del cristal, Aunque estaban al revés, entendíamos perfectamente que nos habíamos metido en un lugar sin salida.

Nos encontrábamos en una delgada e irregular cañada de menos de dos metros de ancho, el inicio de lo más similar a un precipicio con destino a una autopista.

Ya lo habíamos escuchado en la televisión. Ese fin de semana, señalaba fuertes ventiscas y nevadas. Esto último era lógico, desde finales de noviembre hasta marzo, e incluso abril, nieva todos los días, noches y tardes.

Pero la ventisca, complica la travesía de dos caminantes a la intemperie.

Las dos nos miramos con ojos gélidos y lagrimosos por la desagradable fría e intensa ventisca que azotaba nuestros rostros.

—Mierda— dijo una de nosotras. (O quizás lo dijimos las dos).

—Este camino no lleva a ningún sitio y como nos quedemos aquí más de cinco minutos acabaremos muriendo de hipotermia—

Apretamos en vano la palanca horizontal en forma de barra para probar suerte pero fue inútil. Era prácticamente imposible que a las 7:20h de un sábado alguien paseara. A lo lejos, observábamos como la gente, medio adormecida, finalizaba el ascenso de las escaleras metálicas y seguía el camino de baldosas amarillas que nosotras no observamos. Pero como quedaban a nuestras espaladas, era imposible que nos vislumbraran. Debíamos esperar a alguien que viniera de la calle. De esa calle solitaria que nos esperaba.

Alcé mi brazo con fuerza y empecé a golpear la rígida y pesada puerta con mis puños mientras gritaba con todas mis fuerzas, con ese agudo pitido que todos temen, puesto que algún tímpano o cristal, han sido víctima de él:

—BitteeeeeeBitteeeeebitteeeeBiteeeeeeBitteeeee, hiiiiiillllfeeeeebiteeehilffeeeeeeee—

Pero no me veían, no me oían...el cristal era demasiado grueso y hermético.

Sentí miedo. De repente dejó de venir gente. Las dos nos miramos asustadas.

—Thomas nos estará esperando, llegamos tarde—

—Podríamos llamarle y pedirle auxilio como último remedio—

—Me estoy meando dos litros— dijo Martina.

—Yo también, pero eso es lo de menos, a malas, nos bajamos los pantalones y la soltamos aquí— dije yo.

Una señora cargada con una pequeña maleta, se dirigía hacia la máquina canceladora de billetes para tomar el metro.

De repente, mi energía y voz estridente volvieron a actuar, esta vez, con más fuerza si cabe: — BitteeeeeeBitteeeeebitteeee-BiteeeeeeBitteeee, hillllfeeeeebiteeehilffeeeeeeee—

La señora nos vio. Dejó su maleta en una esquina, pero yo seguía con la actividad de golpear el brazo contra el cristal y decir: — BitteeeeeeBitteeeeebitteeeeBiteeeeeeBitteeeee, hillllfeeeeebiteeehilffeeeeeeee—

—Cállate, baja esos decibelios Manuela, ¿No ves que ya nos vio y viene para aca?— dijo con su marcado acento argenitno.

Fui buena niña, he hice caso a Martina. Me quedé esperando a que la señora de la otra punta, tuviera el detalle de rescatar a dos lunáticas.

Llegaba el turno, antes de conocer a Thomas de visitar el baño y hacer pis. Nos acercamos al baño de las mujeres, pero estaba cerrado con llave. No importaba, nos dirigimos al de hom-

bres. Nunca en mi vida, había tenido que respirar semejante pestuza. El olor a pis era tan, tan intenso, que realmente nos hacía dudar si entrar o mearnos encima en el coche de Thomas camino a Dresden.

Las dos nos dirigimos a la puerta tapándonos la boca y conteniendo nuestros vómitos. Con la mirada supe qué teníamos que hacer. Nos meábamos más que la fontana di Trevi. Así que si vomitábamos o moríamos de asfixia por la peste, sería un daño colateral necesario para nuestra supervivencia. Fue duro, mientras arrojábamos nuestro líquido de fontana di Trevi y nos tapábamos la nariz con presión, mientras conteníamos el vómito y tratábamos de que ninguna de nuestras pertenencias rozara un centímetro de ese lugar.

Finalizada nuestra primera fase de la aventura en el metro. Nos dirigíamos a empezar el día, buscando a Thomas.

Bajamos las escaleras mecánicas que nos llevaban a la calle.

— ¿Dónde quedaste con él exactamente?—dijo Martina.

—A la derecha del campo de fútbol, dijo que hay una carpa de un circo. Me dijo que nos veríamos justo en la carpa.

Mientras hablábamos, divisábamos la carpa y nos acercábamos a ella. Una vieja furgoneta esperaba con el motor en marcha a alguien. En el volante, un señor mayor con sonrisa temerosa nos miraba. Ocupaba el asiento copiloto un señor grueso con papada. Martina no lo dudó: —mira, son ellos, ese del volante debe ser Thomas.

No le di valor a las palabras de Martina. Las pistas para encontrar a Thomas eran: Mercedes negro. Esa furgoneta era marca Mercedes, pero blanca. Sin embargo, no había nadie más en ese frío páramo y me acerqué al conductor.

—Buenos días. ¿Cómo se llama?—pregunté.

—Markus—contestó

—De acuerdo gracias.

Y nos alejamos.

—*Manuela, fuiste más lista que yo. Llegas a decirle, ¿Eres Thomas? y directamente dice que sí, nos lleva a la era.*

—*No creo Martina. No nos hubiéramos subido. No tenían buena pinta. Con esa chatarra no llegamos ni a Núremberg.*

El frío era insoportable, las dos estirábamos el ancho de la bufanda intentando cubrirnos el rostro como una mora en pleno zoco.

Recorrimos con nuestras cabezas el lugar. No había rastro de un coche negro.

—*Esto es surrealista Martina. La carpa de un circo, un páramo, ventisca, las 7.30 de la mañana y mira lo que nos ha pasado. No espero un minuto más, Dresden puede esperar a ser visitada en primavera. Vámonos a casa.*

Un coche torció con velocidad la esquina y se paró justo en frete de nosotras.

— *¿Frau Murillo?*—*preguntó un tío.*

Era Thomas, conduciendo su Kit, venía a nuestro encuentro.

Pero, ¿Quién era esa mujer que la acompañaba como copiloto?, pensé.

De unos 40 años con pelo largo, mechón blanco, cejas tatuadas del tamaño de un hilo de coser y ropaje gótico.

— *M O R T I C I A*— *decía Martina una vez sentadas, moviendo silenciosamente los labios.*

Thomas era buen conductor. A pesar de la nieva, a pesar del fuerte viento, falta de visibilidad y neblina, conducía a más de 130 km/h pero con seguridad.

Nos relajamos tras cruzar la ciudad y permanecimos calladitas, dormiditas

Tapadas sobre nuestros abrigos.

Despertamos con un hilo de baba en un costado del mentón increíble, llevábamos más de tres horas de trayecto. De repente Thomas se dirigió a nosotras diciendo. —voy a tomar la siguiente salida que es Dresden. Os dejaré en la vía de servicio, ya que yo voy camino de Berlín. No hay pérdida, tenéis que andar unos diez minutos y de inmediato daréis con la ciudad a vuestros pies.

—Eso no es correcto, en el anuncio ponía que ibas a Dresden.

—Bueno, paso por Dresden. No entro en la ciudad pero justo en esa salida de la autovía hay unos autobuses que os llevan al centro de la ciudad.

Thomas nos dejó en una gasolinera al lado de la autopista y nos citó en el mismo lugar y misma hora al día siguiente para nuestro regreso a Múnich.

Martina estaba poseída, mientras comía galletas de príncipe de Beckelair (producto de kraft que conseguía gratis) despotricaba en argentino, palabrotas que nunca en mi vida antes había escuchado. Su mantra constante era:

— ¿Cómo un hombre se atreve a dejar a dos damas en plena autovía?—

Pero a esta frase, había que añadir 5 preciosas guirnaldas a mi juicio y palabrotas a su criterio.

Más tarde, cuando tradujo el significado de sus palabrotas, sentí que estas, vibraban con más fuerza que las mías.

Atrás quedaba decir cabrona, sonaba mejor concha sucia. (Morticiapdía haber sido más protectora con dos damas e insistir al conductor en que nos adentrara hasta la ciudad.

Ni que decir que donde este la palabra con las siglas H.D.P. no significaba nada al lado de mal cogido traga leches.

Camino a Dresden, con un frío polar, cubiertas como moras pero en lana. Acompañadas de un tubo de galletas príncipe de Beckelair, y tras un tándem de palabrotas. Terminamos haciendo intercambio. Ella se desahogaba usando mis insultos mientras los suyos a mí me sonaban a todo menos bonita.

¿Sorete? Pues si suena a solete. Nooooo, es un insulto.

Llegamos a la ciudad, faltaba encontrar el hostel. La aventura, apenas había empezado. No eran diez minutos, como Thomas aseveró. No solo anduvimos enfrentándonos a la ventisca y agua nieve, también tuvimos que tomar un autobús.

El primer contacto real en Dresden era la locución del autobús anunciando las paradas. Sonaba a voz erótica, como si la mujer en cuestión, hubiera grabado su voz mientras un varón le mordisqueaba el cuello. Tras apearnos en la estación que un buen hombre nos indicó. Comprobamos la gran diferencia entre Múnich y Dresden. Dresden, en la Segunda Guerra Mundial fue objeto de una serie de bombardeos que desencadenaron una tormenta ígnea que redujo a escombros su centro histórico. Todavía se podían vislumbrar sus ruinas. Martina era la que manejaba el plano, yo en orientación siempre fui pésima. Llegamos al hostel.

Era la primera vez que me alojaba en un antro de hostel. Acostumbrada a los hoteles de tres estrellas, permanecí en estado de shock al comprobar que compartiríamos habitación con unas quince personas. Las camas, estaban habilitadas en forma de gradas, por lo que en un espacio pequeño, habían una serie de literas (escalonadas) de cuatro alturas.

La recepcionista, nos había hecho entrega de unas sábanas. Mi cara lo decía todo.

—Sos un poco cheta ¡Eh! (pija en argentino) —dijo Martina.

No podíamos esperar menos por el módico precio de 10€ la noche.

Ya preparadas para hacer turismo, nos detuvo un jesuita mexicano, compañero de habitación, en busca de nuevos talentos musicales, para publicar canciones populares de diferentes países. No nos dejaba partir, sin que le cantásemos una canción popular. No sabía con quién topaba...mi espíritu de mezzosoprano afloró. Le canté un precioso villancico alemán. El hombre se quedó prendado de <u>mi voz</u> y yo, contenta de conseguir ese efecto con la gente, cada vez que me escuchaban.

Afortunadamente nos recorrimos la pequeña ciudad, hicimos fotos: minarete árabe, iglesia, puente, no nos dejamos nada por fotografías y cuando cayó la noche, fuimos a cenar tapas españolas.

Era momento de retirarnos a nuestros aposentos compartidos con una comuna de mochileros. Una noche es una noche... pensaba. Dresden lo vale.

La habitación estaba más tranquila de lo que intuía.

Era el momento de ir al baño. Desde la puerta entreabierta, curioseábamos el interior de una estancia anexa, la cual nos habían indicado que era el baño. Pero nuestra mirada, nos lanzaba un espejismo. A nuestra izquierda, unas sombras raras...parecía el portal de belén.

—Me da miedo, parece un Belén, estamos en enero, igual no lo han quitado, como en Alemania son tan navideños. ¿Pero ves esas figuras en la oscuridad? Igual esto no es el baño—dije yo.

Martina, decidida, encendió la luz despejando la incógnita. Nuestro supuesto belén, era una bañera, cubierta de arena sobre la que residía una amplia colección de dinosaurios.

—Supongo que lo han hecho para evitar que la gente use la bañera, gaste agua, haga charcos o se recree en el baño—dijo Martina.

No podía parar de reír, a pesar de mi cansancio. Cada minuto era un acontecimiento esperpéntico.

Mientras conciliábamos el sueño, otros habitantes entraban y se metían entre mantas. Uno de ellos metió su cuerpo dentro de un edredón, para poder enfundarlo correctamente. Nosotras, en plena oscuridad, le mirábamos con los ojos entreabiertos y nos reíamos en silencio. En el fondo, eran igual de raritos que nosotras...

Afortunadamente, ningún dormilón roncó en exceso y el mexicano fue de los más silenciosos y madrugadores.

Al día siguiente, tras desayunar en el comedor y meternos unos panes y unas mini tarrinas de Nutella en la mochila (por si acaso). Nos dirigimos a la gasolinera donde Thomas nos había abandonado.

—*Seguro que nos deja tiradas y no viene a recogernos*— decía yo.

—*No lo sé, de ser así, tomamos un tren*—

—*Sí, pues menuda pasta*—contesté.

Thomas fue leal a su palabra. Y puntual como un verdadero alemán. Justo a la misma hora que indicó, ahí estaba con su Kit (coche), pero sin Morticia.

Esta vez lo acompañaba un señor de unos cincuenta años.

Dedujimos entonces que Morticia, era una simple pasajera.

De nuevo Thomas, no se andaba con detalles. A pesar de comunicarle porque barrio vivíamos, nos dejó de nuevo donde la carpa del circo.

Martina y yo, de nuevo nos rencontrábamos con aquella estación, aquel baño, que de nuevo visitamos, por necesidad de vejiga. De nuevo contuvimos nuestro vómito, esta vez, con más holgura.

Contemplábamos el cartel KEINE AUSGANG de lejos, mientras tornábamos nuestros cuerpos y bajábamos al metro. Rumbo a nuestro dulce y cálido hogar.

La aventura había terminado.

No nos había dejado indiferentes. No solo se nos quedaba en la cabeza un fin de semana rocambolesco, si no que nos habíamos demostrado ser dos buenas amigas y compañeras de viaje.

Nuestros angelitos de la guardia, pidieron una excedencia por agotamiento protector. Aun así, Martina y yo, hicimos alguna que otra excursión más. Pero sin contar con Thomas. Dresden yace en una postal en mi nevera.

FIN de una jornada inolvidable

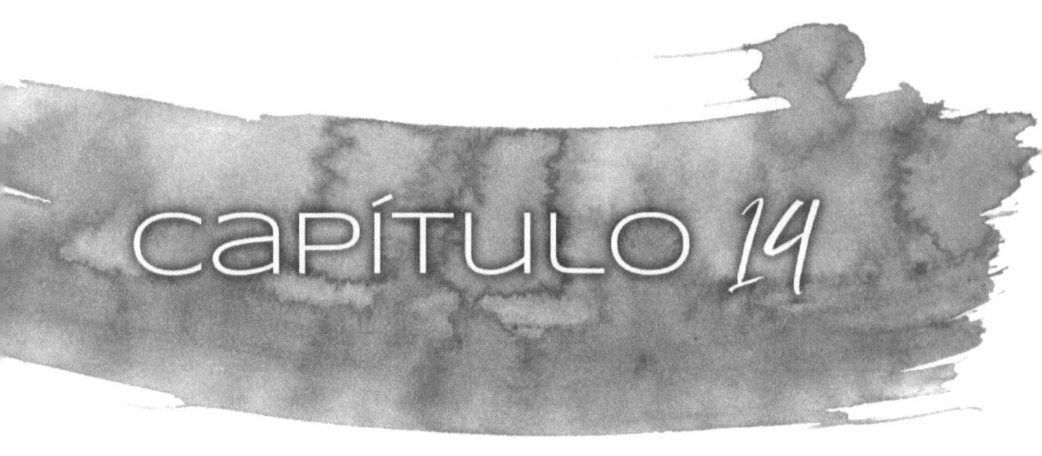

CAPÍTULO 14

*M*anuela llevaba ya tres años viviendo en Alemania. Alternaba visitas con su familia, Navidad en Alemania, Semana Santa en España o viceversa.

En el trabajo había conseguido tener su propio despacho y llevar sus propias cuentas. Adam y Lupita, admitían que el incremento de trabajo, sobretodo el relacionado con la moda y el diseño, se lo debían a ella. La pareja, andaba concentrada más en la realización de documentales y cortos

No obstante, Manuela seguía perdida, seguía siendo una niña sin un yo, mendigando amor a cambio de sexo. Durante aquella época conoció a James, un modelo Londinense afincado en Múnich que conoció mientras trabajaba para la firma Hugo Boss. A Manuela le volvía loca el acento inglés, las maneras inglesas, el humor.

James se parecía mucho a David Beckham. Manuela estaba loca de amor por su inglés. Le encantaba llevarle a fiestas e inauguraciones de clientes y colegas. James causaba sensación, no solo por su bello aspecto físico, sino por su intelectualidad. A Manuela le encantaba escuchar a alguna vieja amiga modelo decir: —Coño Manuela, que bueno está tu novio— Empezaba a plantearse la idea de tener hijos con James. Apostaba que él era el indicado. Su motivación, la belleza de James. Estaba loca por su físico, mucho más que por su interior. —Lupita, me voy a hacer judía.

— ¿Cómo? ¿Qué has dicho?

—Eso, que me voy a convertir al judaísmo. Esta semana fuimos a hablar con el rabino, ya me he comprado algunos libros que me solicitó y he escrito una carta al arzobispado de Oviedo para que me descomulguen.

—Lupita, si yo fuera su mama, le daría una buena cachetada, quien dijo una, le daría unas cuantas. ¿Usted está loca? ¿Por qué no le pide al señorito que sea el quién se convierta al catolicismo, *wei*?

—No importa Lupita, para él ser judío es importante, a mí me da igual ser católica que musulmana. Le quiero Lupita y, si para él es importante, pues me convierto al judaísmo ya está.

—Manuela hija, no te respetas nada, no valoras tus raíces. Cuando conoces a alguien pierdes el norte.

—Puede ser Lupita, pero no me importa de verdad, así concibo el amor. De ninguna otra forma lo conozco.

—La ceremonia de conversión fue llevada en secreto. Tras la reacción de Lupita, prefirió que dicho acto se realizara en la más estricta intimidad. En su interior, sabía que no hacía lo correcto, pero no quería perder a James, además, pronto, como recompensa, recibiría un anillo y una proposición de matrimonio, estaba segura.

Manuela, regresaba de Bruselas una tarde cuando una vieja amiga que regentaba una tienda de suvenires en Innsbruck, la llamó dictándole de memoria el número de matrícula de su coche.

—Gretel ¿Cómo sabes la matrícula de mi coche?

— ¿Acaso has bajado al garaje a comprobar si sigue ahí?

—No, no lo he hecho, estoy deshaciendo mis maletas, acabo de volver de Bruselas.

—Tengo tu coche rojo aparcado aquí delante. He visto salir del coche a James, iba con una mujer muy elegante, se dirigían al hotel Tegernsee. Manuela, si no estuviera segura, no te lo diría.

— Me dijo que se iba a ir a pasar el fin de semana de pesca con los amigos. No me llegó a confirmar si usaría el coche o no.

—Eres un poco ignorante Manuela, los judíos no van de pesca, ni de camping…no hacen esas cosas.

—Ya pero él es inglés los ingleses sí, bueno que más da. Gretel, ¿Puedes averiguarme en que habitación están? Tomo el siguiente tren a Innsbruck , quiero pillarles con las manos en la masa.

No tengo demasiada confianza con las recepcionistas de ese hotel además de que no es algo profesional.

—Gretel, se me ocurre algo, voy a hacer una llamada al hotel. Luego te llamo.

Manuela colgó el auricular y se afanó nerviosa a encontrar el teléfono del hotel por internet.

—Hola buenos días, podría pasarme con la habitación del señor James Cohen— dijo Manuela amablemente.

—Si, por supuesto, un momento—respondió la recepcionista.

Manuela tenía dos argumentos. Si se ponía al auricular él. Quizás colgaría el teléfono. Si era ella, podría sonsacar algo más de información. Una voz de mujer, con acento inglés, dijo hola.

—Hola Louise, soy María de la tienda de esquíes de Innsbruck, veras, dice mi padre que tu encargo viene exclusivamente de Suiza.

—Disculpe señorita, yo no soy Lousie, se ha confundido.

— ¿Pero esa no es la habitación 207?

—No, creo que se han confundido en recepción, está es la habitación 217.

—De acuerdo, le ruego me disculpe las molestias—dijo Manuela disimulando el dolor de un cuchillo rasgando su alma. Tenía en sus manos la prueba del delito y mandó un mensaje al móvil de su amiga.

"Gretel, he conseguido lo que necesitaba, la habitación de James es la 217"

De nuevo la frialdad de un hombre se presentaba ante ella con las peores intenciones. Manuela se sentía utilizada, trabajaba mucho, domingos incluidos. Pero recogía de ellos sus frutos, empezaba a ganar dinero y reputación. Desde que inició su relación con James, compartió todo lo suyo con él. A James le gustaba conducir y ella prefería que la llevaran. . No hacía ni dos meses que lo había estrenado, un Volkswagen Golf rojo que había pagado al contado. Curiosamente, el día que lo estrenaron, los dos habían ido a Innsbruck a visitar a Gretel. ¿Cómo tenía la osadía de ir a Innsbruck con otra mujer? Alguien estaba utilizándola de nuevo. Estaba harta de ser la niña débil y entregada en el amor. Furiosa, llena de rabia e ira. Tomó la copia de las llaves del automóvil, quería entrar en esa habitación, cazarles a los dos juntos, hacer guardia en la puerta del hotel. Ninguno de los tres iba a salir ganando ese día.

Era mayo y los días empezaban a ser más largos. Los paisajes a florecer, Innsbruck era un enclave precioso en pleno invierno, pero en verano, la ciudad estaba engalanada de flores. Las ciudades frías como las de Alemania y Austria, lucían de gran esplendor en cada estación, pero la primavera, daba un toque especial a cada una de ellas. Quizás porque los habitantes, hartos de un duro invierno en el que no veían el sol en meses, salían a la calle con sus atuendos más veraniegos, para emborrachar sus pieles del sol enrejado por esas verdes montañas.

Llegó a la ciudad casi al anochecer, alrededor de las ocho y media de la tarde. Gretel la esperaba en la estación.

—Manuela, creo que me he dejado llevar por tu dolor, lo he estado pensando mejor, creo que deberías llevarte el coche, aparcarlo en mi casa, quedarte a dormir y mañana llevártelo. No quiero que conduzcas esta noche y mucho menos quiero que irrumpas en su habitación y montes el numerito.

—Sí voy a montar el numerito Gretel. Nuestra relación ha sido demasiado intensa, ¡Me acabo de hacer judía por ese cabrón!,

¡Esa guarra iba en mi coche! Quiero amargarles la fiesta, necesito sacar esa ira de dentro. Además, de lo contrario; conozco a James, lo negaría todo. Necesito cazarle.

—Manuela, esa ira que tienes es tuya, no es de ellos, no la escupas sobre ellos, ¿No lo entiendes? Nadie te puso una pistola en la sien para que te convirtieras al judaísmo, fue tu elección estar con él. Además, si irrumpes en la habitación y pones el grito en el cielo, te imaginas el recuerdo que te debe quedar dentro de unos años. Ten más clase Manuela, iremos a por el coche, si vemos que no se encuentra aparcado en el hotel, esperaremos a que lleguen, pero actúa con frivolidad por favor.

—No puedo Gretel, no puedo contenerme, ahora mismo iría y les diría de todo—dijo la joven sollozando.

El hotel se encontraba en la ladera de una montaña, el parking, bordeado de setos, se encontraba siempre abierto. No había vigilancia. Manuela obedeció a Gretel a regañadientes, tomaron el coche y lo escondieron en un garaje privado. James y su amiga, debieron pasar toda la noche en la habitación no se percataron hasta el día siguiente a mediodía.

Por la mañana, Gretel se ofreció a viajar con ella hasta Múnich, desconfiaba de ella; si la dejaba sola, sería capaz de irrumpir en la habitación 217 y montar un follón.

De vuelta a casa, disfrutó de la venganza premeditada tras una llamada de James, notificando que estaba en Innsbruck y le habían robado el coche y se dirigía a la comisaría a efectuar una denuncia.

—No James, el coche, no nos lo han robado, lo tengo yo. He ido hasta Innsbruck a recogerlo.

James negó siempre la evidencia, Manuela siempre se quedó con las ganas de haberles cazado, solo calmó su ira, seis meses más tarde, cuando supo que James se casaba con esta chica, a la cual, había dejado embarazada.

—Dijo James que ella esperaba un bebé. Que de no ser así, nunca se hubiera casado— comentó dolida a Lupita.

— ¿Y le has preguntado si por casualidad si esa futura mujercita, se ha convertido al judaísmo, querida cristiana conversa? —Dijo ésta que nunca había aprobado las locuras de Manuela.

—No lo sé amiga mía. Ahora mismo, no sé ni lo que soy. Hace una semana, contacté con un tío por una página web para encontrar pareja. Contacté con un tío. Parecía guapo, le di mi teléfono y nos llamamos. Estuvimos más de dos horas al teléfono, no acabábamos las frases, uno interrumpía al otro y al final ni siquiera sabíamos de qué estábamos hablando. Pensé que eso era una buena señal, imbécil de mí.

Me sugirió que tomara un taxi, que el pagaría y que fuera a su casa a conocerle. Prometió no sobrepasarse.

—Me das miedo Manuela, no sé si quiero seguir escuchándote.

—Fui. No me tocó un pelo, pero fue horrible. El tío no tenía nada que ver conmigo, sí, guapo un rato, pero no paraba de beber, la casa hecha una pocilga… a los diez minutos sentí un fuerte deseo de quererme ir. Y no tuve el valor de levantarme y decirle: Perdona, pero no eres lo que busco. Aguanté un rato diplomático y después dije que me iba a casa. Lupita me siento mal, no sé lo que hago, pero soy gilipollas.

— Manuela, te lo he dicho muchas veces. Eres una niña sin un Yo. Has estado toda tu vida buscando la aceptación de los demás. No conseguiste la aceptación de tus padres y has ido mendigando cariño. Así has acabado encontrándote con cualquier tipejo.

—Lo que me hiere es estar tan tonta, no verlo, no tener sentido común, dejarme llevar solo por querer agradar, por no decepcionar. Ese día no pensé que, si durante nuestra conversación nos interrumpíamos y no terminábamos las frases, no iríamos a ningún sitio, todo lo contrario, pensé que era un buen augurio.

— ¿Sabes lo mejor, manita? Que no pierdes la fe. Que sabes, que el amor está cerca no sabes dónde, pero abres posibilidades e incluso donde no las hay. Eres romántica, intensa, pasional.

Solo debes echar el freno de mano manita, deja que la mariposa se pose en tu solapa. Entre esos chicos que te citas, ahí debe estar él. Pero escucha más tu interior, entonces hablará tu intuición y te ahorrarás tantas citas inútiles.

Manuela seguía siendo un objeto de seducción peligroso. Durante años, su expediente se empezó a acumular de una pila de chicos que no sabían darle placer, seres egoístas, que solo buscaban descargar su ansiedad sexual en su cuerpo. Nunca era lo suficientemente consciente de cómo la utilizaban. Cada uno, a su manera la trataba de forma nefasta.

Hubo un amante, que aparecía cada dos o tres meses, o mejor dicho, cuando sus genitales necesitaban una buena limpieza de sable. Nunca iban juntos a cenar, ni siquiera a tomar un café, para ser más exactos, nunca la llamó por teléfono. Su comunicación era breve y por mensajería de móvil. Era un viejo amigo de Manuela antiguo compañero de la escuela y su primer amor platónico. Se llamaba Markus, a pesar de superar la fase de adolescente y de que Markus nunca estuvo por ella,

Manuela siempre albergaba por él un cariño especial. Tras su vuelta a Múnich, le encontró por casualidad en la calle. Él bajaba de un coche patrulla. Manuela no le llegó a reconocer por el uniforme de polizei, pero él la reconoció e hizo parar el coche a su compañero. Se saludaron de forma entusiasta e intercambiaron teléfonos. Acordaron tomar un café a corto plazo. Algo que nunca sucedió. Nunca supo donde vivía, sin embargo, ella siempre le abrió las puertas de su apartamento. Era un chico con numerosos problemas e inquietudes, siempre estaba triste, aparecía de forma espontánea en el apartamento de Manuela y sin avisar. Solo buscaba sexo. Manuela pensó que Markus necesitaba tiempo para encontrarse, tiempo para madurar, con el tiempo, vería que ella siempre estaba ahí, esperándole para escuchar sus penas.

Manuela le inspiraba fuerza y coraje. Le habló de su pésima experiencia en España de su afán de superación, él dejaba inspirarse por ella, o al menos, eso mostraba. Ésta, nunca entendió que Markus era un vampiro energético, a pesar de tratarla siempre como un objeto sexual. Manuela, siempre se conformaba con poco.

Cada encuentro era peor que otro, sexo rápido, poco satisfactorio y frio, cada día sentenciaba que no le volvería a ver, pero, no podía evitar recibirle en casa, escucharle como un amigo, tratarle como tal, nunca se sintió utilizada hasta que un día, de forma tajante, la humillación, sobrepasando los límites de un humano.

Siempre aparecía por casa en noches de Luna llena, como si esta la afectase cuál hombre lobo. Era la una de la madrugada cuando esa noche llamó su timbre de forma desesperante. Al abrir, Manuela vislumbró en los ojos de Markus ansiedad, miedo, temor, desesperación, algo que siempre la conmovía. Markus se abalanzó contra ella besándola con grosería y pasión pero sin sentimiento alguno. La arrastró hasta la cocina y sentó sobre la encimera siguió besándola alternando leves bofetaditas en su rostro. Cuando Markus hizo ademán de tocar su vulva, esta le susurró al oído:

—Llevo un tampón.

Markus reaccionó como un niño al que no se le conceden sus caprichos, se bajó los pantalones acompañando a su slip y empotró su pene en la boca de Manuela, la cual, succionó lentamente hasta llegar a sentir leves arcadas—cómo anteriormente Hugo le había instruido—. Markus no tardó siquiera un minuto en derramar su simiente en el interior de su boca. Tras el acto, se apartó de Manuela, fríamente, como si se tratara de un objeto punzante de apariencia espeluznante. Se sentó sobre una silla de la cocina mientras Manuela, orgullosa, le contaba su última experiencia profesional.

A Markus le gustaba escuchar, que Manuela conociera a *celebrities* y las curiosidades y caprichos de éstas entre bambalinas. No Habían pasado ni quince minutos de conversación, Markus interrumpió a Manuela y rescató su móvil del bolsillo.

—Mierda, la grúa, un colega policía ha reconocido mi coche, pero no sé si llego a tiempo de rescatarlo, ahora vengo.

Y salió de su hogar deslizando su cuerpo, como un cuervo que acabara de cebarse con la mejor carroña del campo. Markus nunca regresó. Manuela se quedó en casa, sintiéndose sucia, usada, repudiada. Siempre le quedó la duda de si el pretexto de Markus era cierto o no. En caso de que lo fuese, se alegraba de que la grúa cobrase los honorarios que ella nunca cobró por prostituirse con él. Y en caso de que fuera una evasiva—como Lupita decía—la justicia divina, se haría cargo de hacerle pagar. De nuevo cobró vida aquel recuerdo de hacía unos años, cuando se había prostituido a cambio de dinero. Para ella, no cabía duda de que la palabra prostituta, merecía una reseña en el diccionario, había situaciones denigrantes que no incluían remuneración alguna y eran si cabe más humillantes.

Dejó de tener contacto con Markus, y decepcionada con los principios de un policía. Si él estaba para proteger al ciudadano, carecía de sensibilidad. Pensó en denunciarlo en una comisaria, pero sintió miedo a las represalias. Así que decidió mudarse de casa y cambiarse de número de teléfono, era el mejor desaire que le podía hacer a tal energúmeno. Nunca contó nada a nadie, se avergonzaba terriblemente de sí misma.

Pasaron meses hasta que Manuela volviera a tener relaciones sexuales, a pesar de semejante episodio, su cuerpo pedía ser poseído de forma frenética. Está vez, el destino volvía a exponerla como una niña sin un Yo.

CAPÍTULO 15

Se llamaba Devrim Sahin, proveniente de la región del Kurdistán, Turquía. Era uno de los chicos más bellos que Manuela hubiera conocido. De belleza digna de contemplar como si de una puesta de Sol se tratara. Tenía los ojos de un verde esmeralda inigualable. Una sonrisa conquistadora, un cabello poblado de preciosos rizos que invitaban a cualquier damisela a enredar los dedos y masajear su cráneo. Un torso grande, un cuerpo perfectamente constituido ideal ejemplo como modelo para esculpir una mejor versión del David de Miguel Ángel. Su piel era de un color aceituna. Medía 1,85 cm aproximadamente.

Manuela sintió que sus ojos grises felinos habían encontrado la pareja perfecta con el hombre de ojos esmeralda.

Su origen y religión, le importaban poco. Devrim llevaba mucho tiempo trabajando en Alemania y anteriormente, había estudiado en la Sorbona de Francia. Así que a sus ojos, era un europeo más.

Su atracción física le hizo navegar en sus pensamientos, recordó el libro aquel de Antonio Gala "La pasión Turca" y directamente, su mente no cesó de excitarse. Fue directa al grano. Le dijo que llevaba mucho tiempo sin tener sexo del bueno, le confesó su adicción y directamente contestó.

—Tienes que probar la pasión turca.

Su osada pregunta la transportó a un éxtasis imaginario. Su lado sexual actuó.

Contestó con carita de pena, dándole a entender que una belleza como la suya, no había tenido la gran oportunidad de probar dicha pasión. Tras su lenguaje corporal, a pesar de que todo estaba dicho respondió:

—No, no he tenido esa fantástica oportunidad. He sido tan desafortunada en el sexo…

Devrim terminó su copa de un largo sorbo, pagó la cuenta y la tomó de la mano diciendo:

—Vamos a mi casa—

Esa noche, Manuela vestía top encorsetado de una marca prestigiosa, que había robado del Oberpollinger. —El centro comercial más lujoso de Múnich— y una minifalda blanca, acompañada de unos zapatos de plataforma de vértigo. Se había maquillado en exceso, ahumado en los ojos, rímel, labios color rojo. Dispuesta para el ataque. Ya le habían alertado de que se iba a encontrar con el tío más bueno de la ciudad.

Ni siquiera se habían besado durante el trayecto a la casa de Devrim en su Toyota. Ella se sentía un poco incomoda. Iba a follar con un tío que estaba como un queso, pero nunca había sido tan rápida. No habían pasado ni dos horas desde que le había conocido. Ya en el ascensor, mientras llegaban al séptimo piso.

—Séptimo cielo— dijo ella.

La tomó de la cintura con deseo y la besó. Mientras la besaba, su cuerpo empezaba a excitarse por lo que iba a suceder después. Pensaba constantemente en la pasión turca de Ana Belén. Si con Hugo, se llegó a sentir Kim Basinger, ahora iba a experimentar en sus propios poros, la sensación de locura que Ana Belén supo tan bien interpretar.

Estaba tan excitada que solo quería sentir su miembro en su interior. Al salir del ascensor, Devrim llevaba ya los pantalones desabrochados. Mientras caminaban no hacía más que frotar su mano sobre su miembro, el cual bajo su tacto, parecía grande y grueso. No llegaron a entrar a su dormitorio, tan pronto como entró en su casa, se colocó un preservativo que llevaba en sus vaqueros, la tomo en brazos con energía y apremio. De inmediato entró en su cuerpo. Minutos después la llevó a su mesa de billar donde la dejó caer mientras apartaba los palos y las bolas. Devrim sabía moverse además de estar dotado de una buena arma y tener ese cuerpo perfecto. Justo minutos después, en esa mesa de billar, Manuela alcanzó el éxtasis. Esta vez, no era fingido.

Acercó su nariz a su axila. El olor era peculiar, agradable. Pensaba que Devrim terminaría pronto, pero tras ese orgasmo, la trasladó en volandas a su cama, donde tras varios cambios de postura acompañados de movimientos pélvicos y arrítmicos, tuvo la prudencia de cambiar de preservativo. Manuela estaba agotada, clavaba sus uñas en la espalda. Deseando que finalizara lo que hacía horas debía de haber acabado.

Terminó agotada, era consciente de que llevaba más de una hora en la que Devrim la estaba poseyendo. Llegó a sentirse asqueada de tanto movimiento y aborrecida de tener tantos orgasmos. Perdió la cuenta de los que ya llevaba a pesar de no querer ni siquiera tenerlos. Con los dos primeros estaba más que satisfecha.

Ya sabía lo que era la pasión turca. Tras varios encuentros con Dev, como así le llamaban los amigos, descubrió que la clave en la pasión turca, consta en que el hombre tiene un gran aguante y solo sucumbe al orgasmo cuando la dama está a punto de desfallecer. El sexo era increíblemente fabuloso, tan excesivo y constante, que llegaba un instante, en que sentía que esos movimientos, se asemejaban a diferentes programas del centrifugado de una lavadora. Era ahí, cuando deseaba que su turco cesara con ese programa y parara. Nunca antes había desfallecido con un orgasmo.

—A eso se le llama en francés *"La petite mort"*

— ¿Cómo?

—La pequeña muerte. Se refiere al gasto espiritual que ocurre luego del orgasmo Un instante de separación del propio cuerpo, de movimiento y tranquilidad a la vez, de excitación y paz. En ocasiones, las mujeres lo experimentan con una profunda sensibilidad.

Y como Ana Belén; Manuela, se obcecó con su turco. Cada mañana al despertar, pensaba en él. Directamente decía para sus adentros: Virgen santa que tranca tiene el tío, que cuerpo, por Dios, ¿Le has traído del Olimpo?

Devrim era buen cocinero. Después de follar como animales, sus cuerpos exigían nutrirse. Descubrió el encanto de la cocina turca, que lejos de fundamentarse con kebaps, estaba basada en verduras y especias. Sin embargo, no era un buen conversador. No tenía nada que ver con el idioma. Los dos hablaban perfecto alemán. Era simplemente que carecía de intelecto. Nunca llegó a entender que le movía en la vida, cuáles eran sus aficiones además de salir a correr para ponerse en forma y trabajar hasta horas intempestivas para ganarse un ascenso. No había más. Trataba de hablarle de cine, de temas que ella no dominaba pero que ansiaba tanto descubrir. Como la antropología, la astrología, el compromiso de Alemania con el calentamiento global, el tratado de la Unión europea…e incluso se atrevió a hablarle sobre los próximos mundiales de fútbol. Pero Devrim, no daba respuesta sólida, no sabía argumentar tema alguno.

Así que después de follar y comer, o volvían a follar, o se despedían con un beso.

— ¿Has quedado con Devrim este fin de semana?— preguntó Lupita una tarde mientras la veía salir acelerada del estudio.

—No. Estoy con la regla, así que no le veré.

—Manuela. ¿Escuchaste tus palabras?

—Sí claro. No quiero ir. Solo quiero follar con él. Es un tío vacío. No me aporta nada. Ni siquiera me presta atención cuando hablo. Y si lo hace, tiene memoria de pez y se le olvida todo a los cinco minutos. Creo que las drogas y el alcohol le sentaron mal una noche y se quedó sin neuronas.

—Manuela, ¿Eres consciente de lo que dices? Si no le valoras como persona, no esperes que él te valore a ti. No le quieres ver porque estás con el periodo. Te tratas a ti misma como una fulana.

—No sé Lupita. Si crees que le uso, no me importa, él también me usa a mí. Pero a la vez, no puedo evitar desearle locamente. Y que me folle una y otra vez.

—Manuela, si este fin de semana no tienes planes. Me gustaría que quedáramos a comer al *Oberpollinger*. ¡Pero esta vez no te permito que te robes nada, ¡Ok!

El centro comercial más exquisito y caro de Múnich; *Oberpollinger*, ubicado en pleno centro neurálgico. Era el lugar de encuentro para las dos amigas.

Baboseaban sus zapatos tras los escaparates de Fendi, Burberry, Chanel... pero en el fondo, les traía sin cuidado esas marcas ya que muchos clientes de la productora, eran diseñadores y les regalaban algún que otro artículo *prêt a porter*. Lo que Manuela y Lupita hacían en el Oberpollinger era subir a la quinta planta y pasar la mañana almorzando en El restaurante *Le Buffet* o tomando *Latte Macchiatto* desde una máquina muy sofisticada, acompañado de una de tantas riquísimas tartas del buffet.

En la última visita al centro comercial. Las dos se habían adentrado al probador con varias prendas. Algunas de ellas no llevaban alarmas. Una especialmente, no llevaba siquiera etiqueta. La señorita que vigilaba los probadores, era bastante confiada, no observaba con exhaustividad. Lupita salía del probador con algunas prendas y entraba con otras. Manuela aprovechó para colocar una prenda dobladita en el interior de su bolso. No llevaba un bolso excesivamente grande. Era de tamaño estándar. También decidió comprar una de tantas prendas armadas por una alarma. No reparó en miedos al abrir su bolso y sacar el monedero a la hora de pagar. Estaba tranquila.

—Lupita, he robado un corsé— le susurró al oído bajando una de las escaleras mecánicas.

— ¿Cómo?—Exclamó con sorpresa y enfadó.

— ¿Tú haces este tipo de cosas? No Manuela, eso conmigo no lo hagas.

—Tranquila Lupita. Lo hice sin decirte nada porque no quería ponerte nerviosa. No soy cleptómana, solo tengo un sexto sentido para saber cuándo lo puedo hacer sin que me pillen.

—Ay niña, no me lo tenías que haber dicho. Se me pusieron retortijones en la panza.

Manuela andaba segura, iban a salir por la puerta del centro comercial cuando se detuvo.

—Salgamos por la otra puerta, tenemos el tranvía más cerca.

—Hay que angustia niña, ¿cómo eres tan fría? Con las ganas que me dieron de salir de aquí.

Manuela llevaba casi cuatro años trabajando para *Backgrounds&Productions*.

Últimamente Lupita se sentía abatida y cansada. Le habían diagnosticado una leve anemia. A consecuencia, Manuela empezaba a tener mucha más autonomía en el trabajo. Se había convertido en la mano derecha de Lupita. La cual invertía mucho más tiempo con sus hijos y en dormir más de ocho horas. Desde que abrieron la productora, había abandonado levemente sus tareas de madre. Ahora, delegaba todos los viajes a Manuela la cual en su tarjeta de visita había conseguido el deseado cargo de *Art Director*.

Una tarde de sábado Manuela telefoneó a su querida amiga y compañera.

—Hola querida, Felicitaciones. Adam me dijo que las fotos para el catálogo de ropa interior quedaron padrísimas. Y que el cliente de Berlín ha quedado fascinado con tu trabajo.

—Lupita, ¿Podríamos vernos hoy en el Oberpollinger? Necesito hablar contigo.

La voz de Manuela era diferente. Algo le sucedía.

—Sí claro, pero, por qué no te vienes a almorzar con nosotros, los niños se pondrán contentos de verte.

—Necesito verte a solas

—En ese caso nos veremos para la merienda, tengo el almuerzo ya preparado.

—De acuerdo. Te esperaré donde siempre.

Manuela estaba pensativa, no llevaba maquillaje y sus ojos felinos delataban recientes lágrimas.

—Me gustan demasiado los hombres guapos, me vuelven loca, me produce tal

delirio… Les quiero poseer, controlar, manipular para no perderles. Y al final, acaban siendo ellos los que me poseen y me controlan.

—Híjole, ¡a mí me pasaba como a ti! cuánto más bellos y poderosos, más loquita me volvía, pero un día acabé entendiendo lo que es el amor. A ti te pasará igual, un día tendrás mejor onda con los normalitos y no digo feos, dijo gente noble, con principios.

—Lupita, me quedaron tantas secuelas. Estuve con el hombre más feo del mundo. Ahora…no puedo evitar desear a los hombres guapos.

—La verdad es que este último con el que coges está padrísimo. Hasta yo he tenido pensamientos impuros al verle— dijo Lupe sonriendo y con mirada cómplice.

—Lupe, el turco ayer hizo algo que no me gustó nada. Creo que lo ha hecho otras veces, pero no me di cuenta.

— ¿De qué hablas, comadre?

—Pues ya sabes nuestros juegos. A veces se exceden de pasionales, yo me dejo

hacer llegando incluso a perder el conocimiento. Es un hombre agotador, pierdo la cuenta de los orgasmos que tengo, me hace perder el conocimiento. Pero ayer lo vi claro, a pesar de él disimularlo, me di cuenta. Devrim se quitó el preservativo y continuó hasta el final.

— ¿Quieres decir que…?

— Sí, eso mismo, y creo que lo ha hecho otras veces. Lo que pasa es que me deja tan exhausta, tan liberada, que no me había dado cuenta. E incluso a veces me pilla de espaldas a él. Algunas veces tras terminar, había notado mi entrepierna demasiado mojada, pero claro, no es de extrañar si se tira sobre ti más de una hora, haciendo que pasees por el nirvana de orgasmo a orgasmo.

— ¿Pero no habrás sido mensa y te habrás quedado calladita?

— Pues sí, no le dije nada, pero él me notó un poco rara cuando me fui. No es tonto Lupita, seguro que leyó mis ojos. Me fui muy preocupada y lo peor es que no me llamó. No se ha preocupado lo más mínimo por mí.

— ¡Ay niña…!—exclamó su amiga colocándose las manos en el rostro.

Esa misma semana, rompía su relación idílica con Devrim. Los argumentos, no eran una excusa más. No les unía más que el sexo. Un mes después sus intuiciones eran confirmadas.

— ¿Estás segura de lo que quieres hacer?— dijo Lupita

—Jamás estuve tan segura, Lupita.

— ¿No se te pasa por la cabeza la parte buena de traer un niño al mundo tu sola? La educación monoparental, tiene sus beneficios. Tienes la plata para mantenerlo. Además con esa mezcla genética…tendrías un bebé hermoso. Piénsalo bien, no dejes nublarte por un drama. No es tan drama, tuviste una relación verdaderamente pasional con Dev. Hubo un fuerte sentimiento, una experiencia linda a pesar de todo. Ahora debes ser responsable con tus actos, pero en fin, no seré yo quién te diga, qué debes o no hacer

Lupita era su aliada, su hermana, no le juzgaba por sus actos y errores, solo la acompañaba y ofrecía su hombro para llorar. Devrim quedó al margen del asunto, fue un secreto compartido con Lupita. Nadie supo nada, ni siquiera el marido de ésta.

Pasó la noche en la casa de los Ziegler, excusándose de tener un disgusto amoroso. Así que para Adam, acostumbrado a la bonita relación y complicidad entre su mujer y la empleada española, no vio anormal, el hecho de que Lupita preparara una cena especial basada en comida mexicana: fajitas de pollo y verduritas, guacamole, nachos, quesadillas y enchiladas.

Manuela estaba desolada. Se sentía culpable, por ser como era, por sentir excesivo deseo sexual por los hombres.

—Tómate unos días de permiso, yo ya me he recuperado de mi anemia. Así no puedes ir a trabajar. Necesitas estar sola, escuchar la voz de tu alma. Mírate de pasar unos días un centro de retiro espiritual, o márchate unos días a cualquier destino paradisiaco. ¿Qué me dices? Conozco a alguien en las islas baleares que te puede ayudar.

—Pues me gustaría ir a Formentera unos días. Pero sin móvil, sin contacto con nadie.

—Adelante, date ese gusto mujer. No le diré a nadie donde estás. Tú solo tienes que darme las señas del hotelito, por si acaso, pero no te pienso molestar, necesitas estar sola, escucharte, perdonarte. Te vendrá bien escuchar la voz de un maestro, te ayudará a liberar esas fustigaciones, a tener calma y consuelo y sobre todo, a aceptarte, a quererte y respetarte, solo entonces, podrás encontrar tu media naranja.

Diario de Manuela Murillo

He Encontrado un retiro espiritual en Ibiza. Es una casa de turismo rural Apartada en mitad de la nada, arriba de un peñasco. Con sus paredes color naranja, sus ventanales mallorquinas. Un gran buda recibiéndonos en la entrada y esas vistas al mar. No tiene etiquetas, o quizás si las tiene y muy variadas. Son zen, budistas, tibetanos. Son seres de luz, como ellos dicen. Pero sobre todo sin dogmas religiosos.

Me he mirado hoy al espejo, me ha cambiado el rostro, me veo más vieja y a la vez más bella. Siento que no me he portado bien con mi cuerpo, que no me he respetado. Todo, hasta ahora ha sido mercadear con mi cuerpo, para conseguir caricias y mimos reservados en un contrato de obra y servicios. No le he llegado a nadie al corazón. Pero la culpa ha sido mía, me he comportado como un tío, mis neuronas estaban ahí abajo.

Cecilia dice que mi tono de voz ha cambiado, que hablo más pausadamente, hay más silencios en mis comunicaciones.

CAPÍTULO 16

*C*ecilia era el nombre de la hippie que regenta el retiro espiritual. Con un fuerte y reconfortante abrazo hizo que Manuela rompiera a llorar sin consuelo. La tomó de la cintura y llevó hasta una bonita sala de meditación, llena de cojines por el suelo. No había nadie, encendió un poco de incienso y bajó el volumen del hilo musical.

—Manuela, tienes un nombre muy bonito, y unos ojos felinos impactantes. Cuéntame; ¿Por qué has venido?

—Necesitaba tomar conciencia de cuán inconsciente se puede ser sin darse cuenta—dije llorando.

—No sé si soy ninfómana y aunque no lo sea, siento que lo que soy no es bueno y no sé cómo remediarlo.

—Por qué crees que eres ninfómana— preguntó Cecilia.

—Hace tres años que descubrí el sexo sin censuras. Desde entonces, solo he querido tener sexo irrefrenable. No hago más que salir con hombres guapos, sexys, vamos, con cabrones. Uno de ellos me dejó embarazada. Hace unos días tuve un aborto, desde entonces, no hago más que pensar. No me había dado cuenta hasta hoy que el hecho de tratarles como hombre objeto, ha hecho que yo me convierta en mujer objeto.

—Como tratas, te tratan—respondió Cecilia.

—Ellos no eran tan cabrones como yo pensaba. Yo he ido todo este tiempo destruyéndome poco a poco y dándole valor solamente a una cosa en mi vida; el sexo. Pero lo que más me atormenta es mi acto de cobardía de abortar. Siento que voy a tener que pagar un precio muy caro por dicha decisión, no duermo bien. Tengo pesadillas. Sueño que doy a luz y me desangro y no llego a ver a mi hijo entre tanta sangre, escuchó el llanto de un bebé y me despierto. Me voy a volver loca. A este sueño hay que añadirle una pesadilla que tengo desde hace años; sueño que vuelvo con mi exnovio el maltratador, que a pesar de no comunicarnos en años, nos tratamos como si nada hubiera sucedido. Ese sueño viene repitiéndose y parece que quiera perecer conmigo hasta el final de mis días. Necesito purgar mi subconsciente para atraer hombres de otro espíritu.

Cecilia veía en Manuela algo muy común en sus pacientes. Ansiedad, delirio. Ella se encargaba de aportarles quietud, ellos la veían como un ser iluminado cuando hablaba, pero no era más que un ser humano, lleno de vivencias y sufrimientos sanados, deseosa de que los demás encontrasen la paz interior.

—Manuela, te pido completa sinceridad en tus palabras. Quisiera que me confesaras si te arrepientes de tu aborto.

—No, en absoluto.

—Entonces vamos bien encaminadas.

— ¿Por qué dices eso?

—Verás; tu embarazo sucedió por un motivo especial. Fue una prueba. Y cualquier elección te hubiera hecho aprender. Tu embarazo te puso en alerta. Reaccionaste abortando, luego te hundiste, ahora estás aquí, deseando perdonarte cierto comportamiento que no te hace bien.

Ese es el motivo de tu embarazo.

—Pero. ¿Y qué pasa con la iglesia?, cuando habla de que un aborto es un asesinato a un ser inocente…

—Manuela, tu puedes creer lo que quieras, el mundo está lleno de creencias, pero también tienes que tener en cuenta que desde los inicios, se nos ha educado con el temor. En casi todas las motivaciones humanas subyace algún tipo de temor que frena y condiciona nuestros actos. Este hecho ha sido largamente conocido y aprovechado, a través de los tiempos, por algunos hombres para ejercer dominio sobre otros con diablos de fuego y azufre para castigar a los que hacen el mal; es un perfecto ejemplo. Pero cada vez, el ser es más inteligente, hora pocos creemos en el infierno. El infierno lo vivimos aquí, lo concebimos nosotros mismos. Somos creadores de lo bueno y de lo malo. Atraemos todo lo que viene a nosotros.

—Entonces, ¿Cómo me puedo quitar de la cabeza esa secuela de haber abortado?

—Date tiempo, no te fustigues. Un aborto, ya sea natural o intencionado es un karma más, como lo fue tu ex pareja Cristóbal. Venimos a este mundo para sanar karmas de otras vidas y cuantos más sanemos, más elevados estaremos. El alma de ese bebé está contigo, ese ser que no pudo nacer, volverá a programarse para nacer en otra ocasión.

Las palabras de Cecilia la colmaban de paz. Se alojó durante dos semanas en la residencia de Cecilia. Manteniendo los días ocupados con masajes y terapias personales, rutas de senderismo y meditaciones colectivas bajo la luna y las estrellas, paseos por la playa, clases de taichí y puestas en las que, solo por contemplar cada metro cuadrado de esa isla bajo esa luz bañando el mar ya sentía que había encontrado la paz interior.

CAPÍTULO 17

*M*anuela llegaba al aeropuerto de Múnich con otra cara, otro andar otro tono en su voz. Vestida con un pantalón ancho una camisa de algodón suelta y unas zapatillas converse. Su melena suelta sin planchar, con sus rizos imperfectos sin dirección fija. El rostro sin maquillaje, con su natural palidez pero con luz. Lupita observaba los ojos llenos de paz de Manuela. Su asistenta, se había hecho mayor y ella estaba orgullosa de verla crecer.

—Estás tan diferente, tienes otro tipo de luz. Antes tu luz emitía fuerza rebosante. Ahora, transmites paz. ¡Qué buena onda manita!

—Me ha ido tan bien conocer a Cecilia y a sus compañeros de trabajo. Ha sido una experiencia tan reveladora. He entendido tantas cosas. En fin, he venido nueva

—Me alegra que vengas con las pilas cargadas porque nos han encargado un trabajo muy importante y quieren que seas tú, única y exclusivamente quien lo gestione.

—Explícate mejor Lupita.

—Adam recibió la llamada de un empresario muy importante. Dijo que hombre que tenía acento español. Es un señor que posee un holding. En unos meses va a abrir una sucursal de su marca, en New York. Hace trajes de diseño, quiere que tú gestiones catálogos, publicidad, vídeos. Te da carta blanca para que lo hagas a tu gusto. Tendrás que trasladarte a New York por una semana, Adam te está buscando alojamiento y mañana emitiremos el bille…

— Espera, Espera. ¿Quién es ese tío? ¿Cómo se llama? —interrumpió Manuela.

—No sé su nombre, ni siquiera conozco el nombre de la marca. Es Adam quien ha redactado el contrato de esta cuenta. ¿Pero, que hay algo que te de mala onda?

— ¿Puedo rechazar el trabajo Lupita?

— ¿Cómo? Si rechazas el trabajo, rechazas trabajar para mí. No sé qué mosca te ha picado con tu vuelta al trabajo Manuela. Está muy bien que te hayas vuelto más consciente de las cosas. Pero esto es trabajo. Esto es el mundo real. Y no entiendo que parte te disgusta.

—Me disgusta la situación Lupita. Y reconoce que no es normal, que un cliente de España, que piensa abrir una sucursal en Nueva York, contacte con una productora alemana. Somos buenos, pero coño, no para tanto. ¿No sería más fácil para este cliente contratar a una productora de New York? Reconóceme que el asunto no huele nada bien.

—No, la verdad es que es muy atípico… pero hija, es trabajo. ¡Solo será una semana! Adam dijo que esa persona había encontrado tu web en internet. Había visto tu portfolio y quedado fascinado. Ya sabes cómo funciona el arte. Tratamos de no dejar indiferente al público y cuando lo conseguimos, surgen este tipo de consecuencias, de caprichos, de quimeras si lo quieres llamar así. Siéntete orgullosa, has aprendido mucho con nosotros y ahora estás fuerte para recoger los frutos que sembraste.

Manuela se calmó, trató de ver lo anormal lógico. Estaba preparada para volver de nuevo al trabajo. Y sobre todo valorar el reto de trabajar como directora de arte en semejante proyecto. Era el primer trabajo que se le pudiera atribuir a ella sola.

Un auténtico reto.

Adam se había encargado de reservar un mini apartamento en el norte Brooklyn justo en el barrio Greenpoint, el más económico de Nueva York. Desde el barrio se apreciaba una de las más privilegiadas vistas hacia Manhattan. Todavía existían vestigios de cuando era una zona industrial, puesto que el barrio se encontraba repleto de fábricas abandonadas, e incluso, se asentaba la planta de tratamiento de aguas más grande de la ciudad.

Suerte que solo sería una semana, había llegado a la ciudad con pocas expectativas. Todo era un tanto extraño. Estaba deseando conocer a ese cliente encaprichado en su forma de trabajar que no había desvelado si quiera su nombre de pila. Recordaba a Javier y a su argumento de que todo lo que se proponía lo conseguía: —*El poder emana en el dinero*—dijo. Este cliente, tenía la misma mentalidad, no cabía duda que conocía donde emanaba el poder.

Solo había recibido un escuetos mail. Según sus instrucciones, se reunirían esa misma tarde en el Waldorf Cocktail Terrace, ubicado en Park Avenue, un local anexo del hotel Astoria. En el mail explicaba que se tenía que dirigir al local y presentarse ante el camarero como Manuela Murillo.

Tras el desconcertante jet lag, había despertado de su siesta a las 17:00h. El encuentro estaba programado a las 19:30h. No tenía demasiadas ganas de arreglarse, aunque su intuición le decía que luego lo lamentaría. Se quedó tumbada, viendo el techo de la habitación durante minutos. Cada minuto incrementaba su pereza por levantarse y arreglarse para el encuentro con ese misterioso hombre.

Tomó una ducha rápida, no reparó en lavarse el cabello, lo recogió en una estirada cola de caballo. Tampoco tenía ganas ni precisión de maquillarse los ojos, una ligera capa de base con un poco de rosa en las mejillas sería suficiente.

Se acercó a la avenida más concurrida y emulando a las chicas de Sexo en Nueva York, tomó dos de sus dedos y silbó llamando un taxi. Llevaba un antiguo vestido negro que nunca había perdido esplendor. Uno de sus favoritos, con escote anudado en el cuello y mostrando su atlética espalda.

Era una taxista hindú, vestida con su típica vestimenta. La ciudad y la gente idéntica a las películas y sus personajes.

Un camarero vestido muy elegantemente la recibió en la puerta.

—Buenas tardes. Soy Manuela Murillo.

—Srta. Murillo, la estábamos esperando, soy el *mètre* del local, venga conmigo, le indicaré por donde se accede.

El *mètre* la dirigió a la parte trasera de un escenario mientras le informaba:

—Normalmente los días como hoy el local no está demasiado concurrido, pero eso es mejor, El sonido será más limpio y captara el silencio y la atención de los pocos clientes. Su compañero el pianista lleva esperándola desde hace una hora— argumentó dándole un micrófono.

¡Era una emboscada! No sabía cómo llegaría el ataque. En qué aspectos la podía perjudicar negativamente. Demasiado tarde para retroceder, alguien había bajado la intensidad de los luces.

—Damas y caballeros, tenemos el honor esta noche de escuchar la preciosa voz de Manuela Murillo. Acaba de llegar esta misma tarde desde España, recibámosla con un fuertísimo aplauso.

Una extendida ola de aplausos de ciudadanos neoyorkinos, la ayudaron a esconder la desconfianza, y disfrazarla temporalmente de magia. Tras el cese de estos, sonaban los primeros acordes de piano. Reconocía la canción, conocía muy bien esas notas, era una melodía muy lenta. Hubo un tiempo muy lejano, que fue su canción favorita, fue un tiempo bien olvidado, un tiempo en el que, sólo cantaba pidiendo permiso a su dueño. ¿Quién podía saberlo ahora? Si en un principio temía, que la persona que la había citado en esa sala vacía, con un piano era Javier Hawkins, ahora estaba aterrada por si aquel cliente se trataba de Cristóbal. No era posible, Cristóbal estaba lleno de prejuicios; difícilmente hubiera crecido tanto profesionalmente. Además, quedó dolido tras la ruptura, nunca hubiera dado tal giro en su vida, tenía su orgullo, si no lo hizo meses después...

Todas estas hipótesis surgían durante los primeros diecisiete segundos en los que la canción solo era melodía de un precioso piano. Después, sin saber cómo negarse, entonó la canción. Era una canción de Coldplay, de las primeras. Se titulaba Gravity. Para Manuela interpretar esta canción era un reto. No porque fuera difícil si no por que sonaba diferente. El cantante de la banda Coldplay, Chris Martin, tenía un registro de voz grave, barítono, muy común en voces masculinas, mientras que Manuela tenía una voz de mezzosoprano, aguda, ligera, flexible.

Todos solían retarla con canciones de voces graves, ya que conocían su dotación de amplio registro con gran musicalidad. La canción acababa pareciendo totalmente otra:

Baby,
it's been a long time coming,
such a long, long time.
And I can't stop running,
such a long, long time.
Can you hear my heart beating?
Can you hear that sound?
Cause I can't help thinking
And I won't stop now

Tras esas dos estrofas, sus pasos habían llegado hasta el pianista; ya le había descubierto. Se había terminado el misterio, le conocía, le traía tan bonitos recuerdos. No sabía que él tocara el piano, pero, no era de extrañar. Siempre fue un hombre muy completo, tan exquisito en su vestimenta, tan exigente en su apariencia y físico, con esa sonrisa cortés y a la vez seductora, ese cutis imberbe suave y terso poco común en un hombre. Seguía cantando mientras le sonreía, demostrándole una dicha especial por aquel reencuentro después de casi una década.

Tras finalizar la canción, quedaba un minuto y dieciocho segundos para que él terminara con su partitura. La cantante, se sentó su lado, contemplando sus ágiles y premeditados dedos, su rostro, igual de bello aunque con más arrugas.

El público les aplaudió mientras ellos dos, se abrazaban.

—Felipe Andújar ¡Qué haces aquí, canalla!

—Manuela Murillo— estás preciosa, toda una mujer. Estoy tan contento de tu trayectoria. Yo sabía que eras más inteligente de lo que aparentabas, sabía que ese pajarillo algún día volaría, volaría muy alto y, aquí estás—dijo mientras colocaba sus manos sobre sus brazos.

—Felipe, estoy conmocionada te juro que nunca pensé que fueras tú, la persona que me había contratado. ¿Cómo sabías que canto? ¿Conocías la que fue mi canción favorita? ¿Cómo has dado conmigo?

—Manuela, son muchas preguntas, ven conmigo, te llevaré a cenar y te iré contando, tenemos mucho que contarnos. ¿Has visto ya Manhattan? ¿Habías venido antes?

— No, es mi primera vez aquí. Llegué esta mañana con *jet lag* y todavía no he visto nada.

—Entonces ¡dejémonos de taxis! daremos un paseo y te iré mostrando los mejores enclaves de la ciudad.

—Todavía lo recuerdo, te encantaba dar largas caminatas, aún me acuerdo de aquella tarde en Benidorm, tu ibas con una chica…yo con…Estuvimos andando todo el día, tanto que ¡Me dio la sensación de que Benidorm era más grande que Madrid!

—Sí, y tú sigues siendo igual de exagerada. Manuela, he puesto muchas expectativas en ti, en este proyecto—dijo mirándole a los ojos.

—Tranquilo, no te defraudaré. Solo espero que nos entendamos, que haya buena conexión.

—Bueno, tú y yo siempre conectamos muy bien. Creo que trabajando será incluso mejor. Pero explícame, ¡por favor! ¿Por qué yo? ¿Cómo me encontraste?

Felipe siempre había amado en el silencio a esa niña frágil y resistente como una hermosa copa de vino. Fuerte de andares, pero de alma frágil, la razón por la que solo se veían eventualmente, era porque no soportaba verla con Cristóbal.

Alguna vez soñó decirle: —Déjale, vente conmigo, seré el vigía de tus sueños, nunca censuraré tus ilusiones. Cuando se decidía a dar semejante paso, imaginaba a Manuela retozando en la cama con el sucio y desaliñado de Cristóbal y llegaba a rehusar la idea de tocar su piel. Felipe nunca quiso una mujer frágil con él y por ello, la dejó escapar. Manuela estaba demasiado intoxicada, se había vuelto racista, machista, misógina. Hablaba igual que él. Tenía los mismos comentarios y prejuicios que su pareja. No iba a ser Felipe quién la iluminase. Manuela iba a necesitar mucho tiempo en su contra, para entender sus errores, experimentar decepciones, desaires, descubrirse y sobre todo, quererse. Él veía en ella a una adolescente con cuerpo de mujer, cobijada, entrenada a tener miedo del mundo que le rodeaba. Una tarde de domingo, aburrido, invadido por la nostalgia, por la gente que iba y venía, y algunos que nunca habían vuelto jamás, decidió entrar en google y teclear su nombre. Habían pasado más de cinco años. Se podría haber casado, quizás aparecería en Facebook vestida de novia o con un bebé en brazos. A su sorpresa, topó con su web, diseñada por ella misma, traducida en tres idiomas. Manuela se presentaba al público en su pestaña *About* con dos fotografías; en una de ellas, se tapaba el rostro como ademán de vergüenza, en la otra, en el mismo escenario y con el mismo atrezo, Manuela dejaba sus manos sobre sus rodillas y se presentaba al mundo como directora de arte.

Manuela Murillo había resurgido con esa fuerza que escondía. El tiempo, bendita reliquia, sanadora de heridas subyacentes en el fondo del corazón. Un día le devolvió a su amor platónico, en su rostro se comprobaba el dolor de aprender, de tropezar. Sus ojos felinos, revelaban varias vidas, varios baches, tenían otra luminosidad, no eran tan puros e inocentes, pero describían una madurez consistente. Su sonrisa sin embargo, era más real, más cautivadora, más fresca. Felipe había temido por ella, pensado en numerosas ocasiones, que habría sido de esa niña sin un Yo. Esa niña llena de ingenuidad, con esa facilidad para llevar a tu terreno. Tras revisar su pestaña de *about*, paseó por la perstaña *portfolio*, todos los trabajos tenían el sello de *Backgrounds&Productions*. Necesitaba reencontrarla. Para él era muy valioso que esa niña sin un Yo, hubiese roto ese molde que durante años el desvergonzado de Cristóbal pulió como mujer florero. La siguiente pista de búsqueda en *google* era que Manuela tenía un blog, este enteramente en español, muy castizo, donde Manuela se presentaba como cantante. Nada más entrar se podía escuchar sus melodías favoritas cantadas por ella, se trataba de aquella maqueta que una vez grabó en Los Ángeles.

Estaba seguro de que Manuela seguía soltera, era imposible que consiguiera todo a merced de un hombre. Al igual que él, dos almas solitarias habían esperado el momento perfecto para reencontrarse. Era ahora o nunca. Felipe había premeditado dicho encuentro con una clara intención; poner a prueba la fragilidad de Manuela. Si Manuela seguía siendo aquella muchacha débil víctima de delirios ajenos, dispuesta a dar sus vísceras por una caricia. De ser así, no se acercaría a ella. Realizaría su trabajo y quizás nunca más se volverían a ver. Iba a ser difícil controlarse. Los treinta años, le habían sentado fenomenal, la encontraba rabiosamente seductora, hasta hablaba diferente. Sí, era una persona completamente diferente, pero solo faltaba, descubrir si seguía siendo una niña sin un yo.

—Tus ojos, no son los mismos. Son más bonitos y serenos.

— ¿Cómo qué no? Siguen siendo algo grises y algo verdes.

—Antes escondían miedo. Nunca soporté el miedo que le tenías a Cristóbal.

—No era consciente de ello; pero sí; le tenía más que miedo.

—Y se empoderaba de ello—contestó Felipe.

—Así es, sabes, estuve durante ocho años fumando a escondidas de él. El día que me pilló la mentira, fingí un ataque de ansiedad por miedo a las represalias, dijo que le había sido infiel. Siempre decía lo mismo. Felipe, nunca le fui infiel. Mi vida giraba en torno a él, paralicé mis sueños, fui una marioneta, no sabía ir a ningún sitio sin él. Ojala le hubiera sido infiel—repetía con frustración—Pero no lo hice.

—Bueno de alguna forma si le fuiste infiel, con un rubio light llamado Marlboro.

—Sí un rubio americano—respondió Manuela sin titubeos.

—Perdona, no quería recordarte estas cosas, pero es inevitable, tras encontrarnos.

—No te preocupes, tengo cierta amnesia selectiva. Recuerdo muy poco de aquella fase, no me compensa recordar, demasiado doloroso.

—Bueno, a veces es bueno recordar, para mantener la alerta, no sea que vuelvas a tropezar con alguien que sutilmente empiece a ser igual que Cristóbal.

—Pues sí, me quedé con una frase tatuada en mi mente, nunca más permitiré que me llamen puta, aun así, no he tenido muy buena suerte con los hombres hasta hoy, pero nunca he vuelto a vivir episodios similares a los que experimenté con Cristóbal.

— ¿Sabes que me acaba de venir a la cabeza?—

—No, dime.

—Es una historia más, quizás la única que recuerde con nitidez, puede que por qué fue de las últimas, además que lo he contado numerosas veces. Cristóbal y yo, planeamos una escapada a Soria. Yo tuve una especie de virus y me pasé todo el viaje vomitando. Me vomité encima e inevitablemente, vomité en el interior del coche, luego saqué la cabeza por la ventana y continué vomitando. Cristóbal no detuvo el coche porque estábamos subiendo un puerto. Al llegar al hotel, yo entré antes que él, no podía siquiera sostenerme en pie y me tiré encima de un sofá como si me hubieran pegado un tiro. Le dije a la recepcionista que estaba indispuesta. Minutos después entró él con las maletas y cuando le dieron la llave de la habitación, me tomó con suavidad y llevó hasta el ascensor. Un botones nos acompañó hasta la habitación. Yo estaba asustada, temiendo que Cristóbal me fuera a gritar o humillar cuando estuviéramos solos, por el mal comportamiento y la poca compostura. ¿Te crees? Estaba muriéndome de ganas por ir al baño, sin saber si vomitar o sentarme en el retrete. En ese momento mi cuerpo soltaba por todas partes…Pero aun así me mantenía asustado de que él me fuera a regañar.

—Cristóbal tenía sobre ti una gran capacidad intimidatoria y coercitiva. ¿Y qué hizo? —preguntó Felipe.

—En este caso se portó bien. Me quitó la ropa y la lavó en el cuarto de baño. Me metió en la cama y fue a la farmacia a comprarme suero, al día siguiente hicimos un poco de turismo por Soria y alrededores, pero desde el interior del coche, que por cierto estuvo unos meses oliendo a vómito.

Los dos se ponían al día, con la carta del restaurante en la mano y sin mirar el menú; el camarero hizo un ademán y ambos callaron y miraron la carta tratándose de concentrar entre entrantes y primeros. Si ya elegir qué comer era desconcertante tras el encuentro, iba a ser imposible empezar a organizar el trabajo.

—Sabes, no consigo entender por qué tuve que pasar esos nueve años de mi vida tan angustiosos, normalmente, he acabado entendiendo todas las zancadillas que la vida me ha ido colocando, todo ha estado interrelacionado con un gran aprendizaje, pero, todavía, a día de hoy, no acabo de encontrar un por qué a ese fatídico karma.

—Manuela, será muy pronto cuando lo entiendas, ya verás.

Felipe sí entendía ese karma tan turbio, quizás si ese karma no hubiese existido, el destino le hubiera colocado a esa mujer en su vida. Pero estaba escrito que debía ser así. Estaba predestinado conocer a esa frágil paloma dominada por un maldecido cuervo. Era la forma en el que él, podría admirar y valorar, el gran cambio experimentado en su vida.

—Manuela, estoy deseando que me cuentes qué ha sido de tu vida después de estos años.

—Felipe, fue muy duro. Durante mis años con Cristóbal, fui feliz, yo quería esa vida, no había otro tipo de vida que me colmase, me quería muy poco. Siempre pensé que sería imposible que alguien me amase. Autoafirmaba que me podía dar con un canto en los dientes por estar con él, pero cuando descubrí lo desdichada que era, cuando entendí que no podía estar todos los días deseando acabar con mi vida, y que no era tan valiente como para quitármela, entonces, perdí el norte, me di cuenta de la cantidad de cosas que no había vivido, no fui consciente de las secuelas. De hecho, tardé mucho tiempo en admitir que había sido víctima de malos tratos. He sido muy injusta conmigo misma, me ha costado mucho perdonar mis errores. Hace muy poco que acepté a esa niña que fui. Esa niña sin un Yo. He perdonado a esa niña, la he abrazado y por último, he entendido sus secuelas y con ella, poco a poco, he ido superándolas.

—No soy capaz de hablar de trabajo, mañana nos reuniremos en mi oficina y te presentaré a mi equipo, queremos abrir la tienda en un par de meses, he habilitado un despacho para ti. Sobre tu mesa dejé un móvil con operador local, en fin, mañana empezaremos nuestro trabajo. Ahora, quiero rescatar a esa vieja amiga.— dijo con una sonrisa seductora que descongelaba el corazón de la joven.

—Sí, pero cuenta tú, ¿Cómo has llegado hasta aquí?— dijo Manuela con gestos seductores incontrolables.

— ¿Sabías que mi padre posee un holding?

—No, sabía que era empresario, pero no conocía más detalles.

—Pues he experimentado muchos cambios al igual que tú.

Soy de espíritu inquieto, hace cinco años, dejé la informática y me embarqué en un crucero como pianista, me volví un poco bohemio, hasta que un día recibí una llamada de mi padre. Iba a dividir su patrimonio, me hizo ilusión llevar el negocio familiar, lo de ser pianista era un capricho temporal. Me quedé con dos de sus empresas, mi madre con una y él con dos más. Cuando vio que las empresas funcionaban, salió del armario. Para mi madre y para mí fue un disgusto, ahora ya lo he digerido. Mi madre ha rehecho su vida y mi padre se ha casado con un hombre quince años más joven que él. Nos llevamos bien, a pesar de ser una familia atípica.

— ¿Y cómo llegas hasta Nueva York con una marca de trajes de diseño para hombres?

—La informática dejó de interesarme y empecé a diseñar. Fue una extensión más de la empresa familiar. Fuentemiranda es una empresa familiar, que ha ido pasando de generación en generación. Yo soy la quinta generación de Fuentemiranda. Siempre nos hemos especializado en trajes de novio o ceremonia. ¿Nunca habías oído hablar de Fuentemiranda?

—Pues ahora que lo dices, recuerdo haber asistido a bodas en las que tú también asistías y lucías unos trajes muy distinguidos, mujeres y hombres, te miraban embelesados, pues ibas más elegante que el novio, pero nunca pensé que proviniesen de alta sastrería de la familia, siempre te gustó lo bello y glamuroso.

—Fuentemiranda es una firma de alta sastrería masculina, avalada por más de cincuenta años de experiencia. Clasicismo y Vanguardia se combinan con maestría logrando ese sutil equilibrio entre el traje tradicional y el moderno. También hemos lanzado una marca llamada Young Dandy, es una marca más desenfadada para gente joven pero también con un sello especial.

—Sí. Necesito ver fotos de los diseños, solo así podré inspirarme. Y también necesitaré ver la ciudad. ¿Tienes pensado en algún enclave especial para las fotografías?

—Ssshhh, mañana lo hablaremos, ahora te voy a llevar a ver Manhattan. Cenaremos en mi restaurante favorito.

Diario de Manuela Murillo

Felipe Andújar era uno de los amigos de Cristóbal. Nada que ver con los demás amigos extra frikis del extra radio. Nunca entendí, que le motivaba a salir con semejante pandilla, quizás que él también era informático, pero, mientras todos vestían ropa del mercadito, Felipe iba enfundado con ropa de Lacoste o de Tommy Hilfiger. Mientras todos iban con un coche de segunda mano, Felipe conducía su tercer coche nuevo, en este caso se trataba de un BMW en versión deportiva, de muchos caballos. Yo no entendía, pero mientras me enseñaba su coche, deseaba que mi novio fuera él y no el cayo malayo que me había tocado en una tómbola una noche de verano y que no me quitaba ni con agua caliente. Siempre me sentí poca cosa para él. Pero, al mismo tiempo, sabía que si ponía de mi parte, podía aspirar a estar con alguien como él.

Felipe era mi predilecto. Me fascinaba su elegancia vistiendo, sus maneras educadas, recuerdo que nunca decía palabrotas y para decir que alguien le estaba fastidiando, decía "me va a hacer la carretilla". Los amigos se burlaban de él, pero yo pensaba que eran unos necios por no valorar a aquel chico de tan refinado carácter, exquisitos gustos por el lujo, tan idénticos a los míos. Me gustaba su piel poco velluda, sus gustos por dar largos paseos. Recordaba todavía sus manías, no había olvidado ni un solo ápice de sus ser. Yo era una chica extraña, no estaba a su alcancé, no me había ganado todavía un buen caché, pero le deseaba, le deseaba y deseé durante años. Nos veíamos de tarde en tarde. Su belleza interior, era tan bella como la física. Era una persona mundana, sin prejuicios. Odiaba que la gente criticara, le fascinaba filosofar, era un gran lector, en fin, un libro abierto. Lo único tierno y especial en aquella turbia vida que había elegido. Una vida en la que cada anochecer deseaba no amanecer.

Acepté no poder olisquear su piel de cerca y embriagarme con sus caricias. Acepté que era un ser prohibido y con los años, le olvidé. Nunca nadie supo cuánto le deseaba.

Esta noche, he detectado que él siente por mí el mismo deseo que yo; puro e inmaculado, no sé cuánto tiempo podremos contenernos. Esta noche, hubiera deseado ir a su apartamento en Madison Avenue, sé que él también lo deseaba. Le he pillado varias veces mirando mis labios, sé que se ha marchado deseando penetrarme sin parar, sé que deseaba escucharme gritar en su lecho, sé que si damos rienda suelta, será algo increíble. Mi corazón está agitado, no puedo dormir, ya me he masturbado varias veces. No puedo olvidar que trabajo para él, que él me ha contratado. No puedo decepcionarle, ni a él, ni a mi productora. Seré fuerte, me concentraré en mi trabajo, debo olvidar mis sentimientos.

CAPÍTULO 18

*H*abían transcurrido cuatro días desde su llegada a Nueva York. El trabajo estaba siendo todo un éxito; catálogo, diseños de anuncios para vallas publicitarias, videos…Manuela había tenido ideas muy elocuentes, como la de contactar con un conocido programa de moda para presentar la colección primavera verano, pero su mejor inspiración fue el barrio donde se alojaba ella.

Las fábricas abandonadas de Greenpoint, daban un toque especial a los trajes y un toque nostálgico a los modelos.

Felipe no estaba demasiado convencido con la idea, prefería un entorno con más clase, como por ejemplo la gran manzana o la isla de la libertad. Pero todo eso, a ojos de la directora de arte, quedaba común y soso. Otro detalle interesante a recalcar, fueron las extraordinarias vistas de la ciudad desde su terraza. Los modelos posaban de espaldas, viendo la ciudad, subidos a un pequeño tejado mirando pensativos un atardecer.

Todo estaba preparado para la gran inauguración dentro de un mes. Manuela seguiría trabajando desde Múnich. Felipe era exigente, vigilaba todos los detalles, quería que todo quedase perfecto. Para Manuela era extraño tenerle siempre detrás, parecía que la inspeccionaba, se sentía en constante tensión, era como si desconfiara de ella. Cuanto más relajada se sentía o tenía un descanso con los modelos y dialogaban de cosas de la vida, se daba la vuelta, y se encontraba con los ojos inquisidores de Felipe. Ella ignoraba que esos ojos inquisidores, no eran por desconfianza, si no por celos de que entre Manuela y algún modelo pudiera aflorar algo más.

—Manuela, deberías hablar con tu productora y proponer que te quedes unos días más. Te vas a ir y no vas a estar en la pasarela de ese programa de moda. Debes estar ahí para controlar los detalles que a mí se me escapan, ¿Cómo voy a saber llevar yo eso solo? O mejor ¿Por qué no te quedas a trabajar para mí? Te pagaré el doble de lo que cobras. Este año desfilaré en la pasarela de Nueva York, me gustaría mucho que fueras mi directora de arte, Manuela.

—Sería todo un honor trabajar para ti, Felipe, pero no puedo dejar a Adam y Lupita en la estacada, además, tú sabes que no sería bueno que trabajáramos juntos— dijo con voz firme. Felipe permaneció en silencio, había ciertas obviedades que evitaba comentar, no caería en la provocación de Manuela y no era consciente, de lo nocivo que era para ella tener tanta atención con ella sin poner la carne en el asador. Felipe era un gran seductor.

Diario de Manuela Murillo

Noto alrededor de mi cuerpo un intenso olor a mi flujo. Anoche mojé mis bragas y esta mañana volví a masturbarme. Hice bien en traer a Salva conmigo, lo adquirí en Alemania, tiene varios programas y se recarga con una batería, como los móviles. Suerte que traje varios adaptadores de enchufe y siempre le tengo listo. Se ha vuelto a despertar mi instinto sexual, ésta vez es más intenso que nunca, ésta vez mi corazón siente amor, mi corazón va a estallar, Felipe me ha sacudido un corazón comprimido durante años en un aerosol, siento que lo ha sacudido para luego dejarlo donde estaba, ahí comprimido. A la vez siento ira; si me desea, si le gusto, ¿Por qué no da un paso? Quizás es mejor así, de lo contrario, mi vuelta a Alemania, sería letal.

La situación empezaba a ser insostenible. Se veían a diario, pasaban juntos más de una jornada de trabajo. Y los dos respiraban el deseo, los dos coqueteaban y se insinuaban, e incluso, algunos compañeros lo llegaron a percibir.

Manuela se ponía sutilmente a tiro, pero no iba a ser ella quien tomara la iniciativa. Quería ser deseada, si él podía contenerse, ella también lo haría. Sin embargo esta situación, la estaba llevando a un fuerte estado de irritabilidad que salpicaba a todo el mundo.

A un día de su partida, cuando casi todo el trabajo estaba terminado, deseaba golpear sus puños contra ese entrenado torso seductor de Felipe Andújar, el cual cada mañana le regalaba una sonrisa, le traía un ramo de flores felicitándola por el trabajo o le guiñaba un ojo desde la distancia. Empezaba a detestar a Felipe, a pensar que era un provocador que disfrutaba calentando a las mujeres, sin luego rematarlas. Esa mañana era la última, no se podía callar, estaba harta, sentía que se estaban burlando de su bondad y detestaba sentir el calor de sus bragas palpitantes.

Desde la entrada, lanzó una mirada inquisidora a Felipe que traía una caja de golosinas envuelta en papel transparente y café americano para los dos. Ese día, como casi siempre, no había nadie en la oficina, todos los subcontratados se encontraban en la tienda de la quinta avenida, ultimando detalles.

—Un poco de azúcar, te vendrán bien mañana para tu viaje de vuelta.

—Gracias Felipe, siempre tan detallista— dijo con voz firme.

— ¿Cómo? ¿Creía que las golosinas te encantaban?

Sabes, espero que dentro de esta bolsa de golosina, o en el interior del azucarillo del café, hayas dejado un mensaje que me permita entenderte ¿Qué pretendes?—Dijo siguiéndole hasta su despacho.

— ¿Crees que hay algo que te tenga que decir?— dijo Felipe con sonrisa irónica.

—He trabajado para muchos hombres, ninguno me ha traído tantos detalles ni ha observado tan exhaustivamente mi trabajo Felipe, solo consigues despistarme. No importa que hayamos sido buenos amigos, no es lícito lo que haces, desde el día ese tan mágico, en el piano, no haces más que provocarme, eres el perro del hortelano y estás empezando a caerme mal, ¿Por qué te curraste tanto nuestro encuentro? Sabes, tengo ganas de que acabe hoy y perderte de vista— dijo colocando la bolsa de golosinas sobre su mesa y alejándose de su despacho.

Felipe la alcanzó y tomó por la cintura con fuerza y la apretó fuerte colocando su rostro a un milímetro del suyo. Nunca antes habían estado tan cerca el uno del otro.

—Manuela, te vas mañana, tienes razón, necesito decirte tantas cosas… —dijo mientras la miraba fijamente apretando la mandíbula, con una voz que menguaba su tono poco a poco.

—Pues dímelas, cobarde—respondió ella con la energía que a él le faltaba, sintiendo su corazón arder en su garganta.

Felipe se abalanzó sobre ella, sin importarle que alguien pudiera entrar en su despacho y la besó apasionadamente sus brazo la apretaban con tanta fuerza, que aunque ella quisiera, no podía escapar de sus garras haciendo de aquel beso, uno de los besos más largos de sus vidas.

Manuela rozó sus dedos sobre su mentón para sentir la humedad de su saliva, a continuación le abrazó fuertemente.

—Te crees que para mí ha sido fácil, aquella noche, cuando descubrí tu rostro tras el piano, me sentí la mujer más deseada del planeta, he respirado tu deseo, desde aquel instante, me ha resultado muy difícil trabajar contigo y no poder tocarte o acariciarte como mi piel me pide.

—Sabes, te deseo tanto, que no me importaría que ahora mismo cualquier empleado entrase por la puerta y nos cazara haciendo el amor— Dijo mientras la llevaba en volandas hacia su mesa. No podían parar de besarse, de sentir sus corazones sacudirse de emoción.

—No tenía coraje para decírtelo, había algo que me lo impedía, pero no quiero que te vayas, he estado conteniéndome durante días, desde aquella noche que cantaste para mí, yo también he estado deseándote. Quiero que te quedes conmigo, por favor, no te separes de mí.

—Demasiado tarde Felipe, mañana vuelvo a Alemania, quizás tu actitud era la buena, quizás a mi vuelta no lamentaré que hayas tensado esta pasión hasta el último día. Así mi vuelta será menos dolorosa.

—Vayamos a tu apartamento, recoge tus cosas y devuelve la llave al portero, esta noche te quedarás en mi casa.

El apartamento de Felipe era lujoso, pero carecía de alma, se podía apreciar que había contratado un decorador para que revistiera la casa. Todos los colores en concordancia y armonía, como un escaparate recién sacado de una revista de muebles.

—Puedo leer tu mente, cielo, no es que yo carezca de personalidad; el apartamento se alquilaba amueblado y decorado, listo para un nuevo proyecto en la gran manzana. Al igual que el tuyo en Greenpoint, solo que en vez de una semana, yo llevo aquí ya dos meses.

Había prometido cocinar para ella, pero no pudieron resistirse antes a besarse acariciarse. Enredaron sus cuerpos, quedando atirabuzanados entre sabanas. Felipe tenía un cuerpo esbelto y en forma a sus ya treinta y siete años no tenía barriga sino marcas de abdominales. Su piel, morena y sin bello. Manuela pellizcaba sus nalgas mientras él acariciaba suavemente las suyas. Cenaron desnudos, de pie, frente la nevera abierta, tomaron lo primero que no hiciera falta cocinar y volvieron al lecho a amarse intensamente a olerse, acariciarse, deseando detener el sol, deseando que nunca amaneciera.

En silencio, mientras él la contemplaba, recordaba la frase de Javier Hawkins: El poder emana del dinero. Ella estaba allí, porque Felipe había pagado una gran suma de dinero a Backgrounds&Productions.

—Emprendamos un viaje juntos, con los ojos vendados, con la complicidad, de que no va a ser suicida, con la certeza de que ninguno de los dos se irá dando un portazo. —Decía Felipe entusiasmado.

—No quiero separarme de ti, pero tampoco quiero hacer locuras. Últimamente las locuras me han pasado factura. Volveré a Alemania, seguiré trabajando para ti desde allí, terminaré el catálogo y Adam montará el video. Todo estará listo para la inauguración.

Amaneció envuelta con unas sábanas de seda, despertándole un intenso olor a café y a tostadas. Felipe se abalanzó en la cama y le besó todo su cuerpo finalizando en el oído mientras le susurró.

— ¿Sabes que he soñado esta noche? Trabajábamos juntos en un barco de cruceros. Yo tocaba el piano y tú cantabas. Podríamos ser un dúo perfecto.

— ¡Como Romina y Albano!—dijeron los dos al unísono riendo.

—Fíjate, perfecto ejemplo de que las más magnificas historias de amor se van al garete. Así que mejor no la liemos Felipe.

— ¡Qué importa como vayan a acabar! Si nada es eterno, no quiero saberlo hasta el día del juicio final —dijo él.

Felipe la llevó hasta el aeropuerto. Manuela llevaba la bolsa de golosinas en una mano y se regocijaba de sentir la mano de Felipe rodeando su cintura. Era difícil embarcar, dejar tras esa puerta una historia única e irrepetible. Felipe tomaba a Manuela fuertemente deseando no dejarla escapar.

—En unos meses volveré a Madrid, allí es donde tengo mi cuartel general. Te espero, Madrid no está tan lejos, te esperaré el tiempo que haga falta, Manuela, porque sé que vendrás. Construiremos juntos un futuro, quiero verte conmigo, rodeada de niños correteando por la casa. Quiero ser el causante de tus próximas arrugas, efecto de nuestras risas y disgustos. Abandona Alemania, allí no te ata nada, ¿No lo ves?

Manuela no creía en las palabras de Felipe, demasiado bonito para ser real, no era capaz de digerir semejante declaración y contestó fríamente.

—Yo también te espero en mi querida Múnich, allí también tengo mi cuartel general, no he vuelto a pisar Madrid desde que dejé a …Joder, me da asco hasta pornunciar su nombre. Madrid me transmite muy malos recuerdos, no imagino que allí pueda encontrar la felicidad. No es mi ciudad, mi ciudad es Alemania.

—Nunca estuve en Alemania.

—Me encantará enseñarte mi ciudad natal y cuartel general, como tú dices.

—Sí, lo haré, cuando termine mi proyecto, iré a buscarte y espero traerte de vuelta a España. Si Madrid no es tu mejor destino, dejaré la ciudad por ti. Iremos donde tú quieras, pero juntos, haré todo lo posible para no dejarte escapar, te mandaré golosinas todos los días— dijo abrazándola fuerte.

CAPÍTULO 19

Manuela desconocía la lección que le había dado a Felipe. El cual siempre pensó que cedería de forma instantánea, que se derretiría ante su declaración. La vuelta a Múnich no había sido fácil. Quizás fue el mensaje de Felipe, pero Manuela empezaba a sentirse sola. Vacía por dentro. ¿Realmente le ataba algo a esa ciudad? Tenía que cuestionarse seriamente qué era lo que quería hacer con su futuro. ¿Qué perseguía? Recordó las clases de meditación que le impartió Cecilia. Se refugió en su apartamento en Sandstrasse a meditar. Concentrándose únicamente en su respiración y en el silencio de su alma. Su familia estaba lejos, de cerca tampoco le ayudaba, pero, ¿Qué era para ella tener una familia? Lupita y Adam, era lo más parecido a una familia, pero, a pesar de tenerse gran estima, no dejaba de ser un apósito en una familia compuesta por padre madre e hijos. Sintió fuertes ganas de llorar, entendía que una familia, debía ser fundada por ella y por alguien a quien amara y la amase. Fuera en Alemania, en España o en Sebastopol. Había rechazado la proposición de Felipe, porque sentía que ella no era merecedora de semejante destino. Sin embargo, no estaba dispuesta a tropezar con otro hombre que no estuviese a su altura.

Descolgó el teléfono, de forma estrepitosa, sin siquiera pensar la diferencia horaria. Eran las nueve de la noche, las tres de la tarde en Nueva York. Dejó sonar el teléfono hasta el sexto tono, tras no recibir respuesta, colgó, sintiéndose una estúpida y ridícula mujer. Carecía de empatía la idea de que quedaban solamente tres días para la inauguración de Fuentemiranda en la quinta Avenida. De repente una capa de amnesia la invadió olvidando el estrés que arrastraba Felipe a raíz de dicho evento.

Diario de Manuela Murillo

Ya sé lo que me pasa, no soy una puta, ni una ninfómana, simplemente, me gusta mucho el sexo. Me gusta, no, me encanta. Me gusta jugar provocar y sobre todo amar. Nunca concebí el sexo sin amor, a pesar de que pensaba que sí. Por eso permití que Devrim y otros me hirieran.

He andado media vida queriendo amar y deseando ser amada. Al principio pensaba que para ser amada, había que ser sumisa y correcta, luego pensé que se podía amar con lo más intenso de mí ser e interprete que no había mejor forma de amar que haciendo el amor, pero no fue así.

Quería conseguir que alguien se enamorase de mi alma y no sabía, que ya había dejado a alguien enamorado de mi interior.

Felipe me quiso a pesar de ser una niña frágil, por eso me dejó ir, para que yo aprendiera a amar sola, a confundirme a tropezar, a entender que primero me tenía que amar a mí misma.

Hacía más de un año que había dejado de fumar, pero recordaba que detrás de una pila de libros, había dejado los restos de un paquete de cigarrillos abandonados tras esa sensata decisión. Tomo la botella de vino y empezó a beber sin control, alternándolo con los cigarrillos.

—Nunca más seré una niña sin un Yo. Mis hijas, nunca serán niñas sin un Yo. Vivirán sin censuras, serán aceptadas por lo que quieran ser, nunca las coartaré, pero, no sé si sabré hacerlo sola, tuve ocasión de ser madre y aborté. No quisiera tener una hija, sufriría mucho— decía hablando tras la ventana, viendo un punto fijo, con la mente enredada en recuerdos. Empezó a entonar su melódica voz, aletargada desde aquella emboscada en New York, una forma terapéutica para sacar de las entrañas las malas pulgas.

All You Need Is Love… The Beatles. No llegó a cantar la primera estrofa cuando saltó a otra melodía: *Every body needs somebody;* que habían cantado; *Blues Brothers, Jimmy Ruffin y Rolling Stones.* Y no había que olvidar su favorita: *Queen,* cantaba: *Somebody To Love.* Con esta, abrió la ventana, cantándole a una noche vacía, sin estrellas

No había nada malo en tener a alguien a quien amar, y le daba igual ser frágil, debía seguir adelante con sus ilusiones, no importaba si fueran espejismos, si había andado anteriormente sobre terrenos movedizos, ahora, Felipe le ofrecía un camino hecho de cemento armado y con una buena estructura. E incluso le daba carta blanca a elegir donde vivir. Mientras escuchaba cada canción, gestionó los pasos que cambiarían su vida. Una llamada a Lupita, bastaría con aquietar una etapa de su vida y empezar otra que llevaba años anhelando.

CAPÍTULO 20

No había cerrado la vuelta, quizás nunca volvería, qué importaba. El comandante anunció que eran las diez de la mañana hora local.

Tomó un taxi que la llevó al corazón de aquella manzana. Esta vez, había elegido un hotel cerca de la Quinta Avenida, el evento lo requería. Quedaban solamente cinco horas para la inauguración de Fuentemiranda, no quería llegar tarde, a ser posible, ser la primera en aparecer e incluso remangarse las vestiduras y trabajar entre bastidores para que todo saliera mejor de lo esperado. Estaba convencida de que Felipe se alegraría mucho de verla, pero no era capaz de visualizar su cara cuando la viera aparecer.

Tampoco importaba el extracto de su tarjeta Visa tras finalizar la aventura, por eso, nada más llegar, y tras dejar el vestido colgado y bien estirado en el armario, asistió a la peluquería de su hotel, arrastrando un jet lag inoportuno. Ya había reservado cita para peluquería y maquillaje al unísono que la habitación. Todo iba sobre ruedas, sin embargo, no dejaba de temer que Felipe la rechazara, albergaba un leve miedo a hacer el ridículo.

Manuela vestía una falda de cuero entubada hasta las rodillas, una blusa roja vaporosa y una chaqueta de cuero con tachuelas doradas. Su cuerpo, quedaba sujetado por unos zapatos de fino tacón color negro. Se dirigió contoneándose hasta el local de Fuentemiranda con paso firme y ligero, como miles de veces había visto a sus modelos. Los escaparates estaban preparados, las luces encendidas, las puertas cerradas. En el interior, a lo lejos, de espaladas, se encontraba Felipe, enfundado con un traje de Fuentemiranda y unos zapatos de charol que brillaban desde lejos. Era el traje más original y desenfadado de la colección, el que mejor definía la marca de alta sastrería. La inauguración había comenzado hacía escasos minutos, el local todavía no estaba concurrido.

Felipe atendía a un periodista mientras Manuela se adentraba sigilosamente por la tienda. Sophie, la asistente de Felipe, la saludó, con dos besos, pero sin sorpresas, como si fuese evidente su presencia en tal evento.

—Manuela, han traído el catering, está en la trastienda, de momento está todo bien, todavía no han venido los cámaras de televisión, ¿Podrías echar un vistazo al cuadro de luces? ¿Crees que esas butacas de cuero están bien colocadas?

La joven giró levemente el cuello sin ser descortés con la asistente de Felipe. Este, la acababa de divisar con la mirada y se acercaba a ella. Su mirada era una mezcla entre inquisidora y sorpresiva. A los ojos de Sophie, no supo decir más que:

—Hace dos días que no se de ti. Vi una llamada tuya, traté de devolvértela unas diez veces, pero tu móvil, no estaba operativo.

—Es que como no me contestabas, pensé que mejor sería venir y hablar en persona— contestó Manuela, avergonzada.

Felipe la tomó de la mano y llevó hasta la trastienda. Allí, sin temer que alguien los cazara la besó con pasión extendiendo el carmín de sus labios por las comisuras y bordes de sus labios.

—Estás guapísima, Manuela, no te esperaba, cuando te he visto, no he podido contenerme, pero me has dado una gran sorpresa.

—Sí pero no supera tu emboscada al piano en el Astoria— dijo ella desafiante.

— ¿Me autorizas a presentarte como mi pareja Manuela?

—Espera, antes quiero negociar.

— ¿Negociar? Cariño, en el amor no podemos negociar.

Felipe no quería enfadarse, esa palabra sonaba fría y manipuladora, no era el momento, pero dejó que Manuela siguiera expresándose.

—He hablado con Lupita, voy a dejar la productora. Además hay otros proyectos que me interesan, quiero dedicarme a otras cosas, lo haré poco a poco, e incluso, puede que me dedique a ambas cosas.

— ¿De qué otras cosas hablas?

—Felipe el tiempo apremia, tienes que ser un gran anfitrión, irñe al grano, dijiste que si no me gustaba Madrid, dejarías la ciudad por mí. De acuerdo, yo dejaré Alemania si tú dejarás Madrid.

—Manuela, el taller de Fuentemiranda está en Madrid.

—Me parece bien, podrás trasladarte por trabajo, y quizás algún día, pueda ver Madrid como una ciudad especial, solo te pido tiempo. Me quedaré contigo en Nueva York, trabajaré para ti, si la propuesta sigue en pie, e incluso aunque tengas pensado irte antes, puede que mis compromisos me pidan quedarme unos meses más. Deberemos aprender a estar juntos separados, los dos tendremos que viajar por nuestra carrera. Pero sé que eso no es un obstáculo, encontraremos nuestro cuartel general definitivo. Lo sé

— Manuela, no me importa donde esté, solo o acompañado, si vas a estar conmigo. Me alivia encontrar una mujer como tú, independiente, y pasional. Menuda combinación.

De repente alguien empujo la puerta de la trastienda, sin embargo, Felipe seguía tomando a Manuela de las manos.

—Felipe, los medios de comunicación están esperando en la entrada— Dijo Sophie.

—De acuerdo, Vayamos— dijo Felipe.

—Espera, tienes los labios manchados de carmín, deja que te acicale un poco— dijo Manuela.

—No importa, Manuela, así tendré un argumento para presentarte.

Felipe salió del almacén tomando de la mano a Manuela la cual presentó como su pareja y la directora de arte de Fuentemiranda.

Diario de Manuela Murillo

Hoy cumplo cuarenta años. Felipe me ha regalado un diario, sabe qué hacía años tenía uno, pero que tras emparejarme con él, dejé de escribir. Me gusta esa palabra; emparejarme, mucho más que la sentencia "Hasta que la muerte os separe" que tiene un sentido omnipresente. Como que la relación es para toda la vida y la ruptura sólo puede ser por la muerte; pensar en ello, me produce una sensación extraña, similar a la expresión "mía o de nadie"

En mi emparejamiento, hay un firme compromiso, pero cada uno dirige su orquesta. Por ser mujer y madre, no quiero perder mi rumbo en la vida. Tampoco quiero perder aquello que perdí durante mucho tiempo; mi identidad.

Felipe me ha preguntado qué escribiré en este diario.

Le he contestado que mi otro diario era un poco rudo y gore. Quizás éste diario sea un poco aburrido, pero, eso no significa que mi vida lo sea; es estable, con algún altibajo...pero serena.

Felipe parcialmente, se ha salido con la suya. Aún no tenemos cuatro niños correteando alrededor de nosotros, pero mis arrugas sí son causadas por las muecas enfados y alegrías de la familia que he fundado con él.

Tenemos la parejita, primero nació la niña, y un año y medio después vino el brutote de la casa. Les quiero de una forma diferente, creo que les quiero como ellos reclamaban como la lactancia, les quiero a demanda. Esa es la mejor expresión que encuentro.

Parece mentira. Han pasado ya cinco años desde que llegamos a esta masía.

Siempre era yo la que perdía, la que entregaba, la que se convertía a otra religión... Con Felipe, tuve claro que íbamos a ceder los dos. Dejé Alemania y me instalé en Nueva York unos meses. Le confesé a Felipe donde quería que ubicáramos nues-

tro domicilio familiar. Al nombrar las Islas Baleares como futuro cuartel general, mi pareja se conmovió; pero no me dijo el por qué hasta llevarme a Menorca, a una masía rodeada de diez hectáreas de campo, abandonada, medio derruida, con el exterior cubierto de madejas. Pertenecía a los Andújar. Felipe jamás había revelado su linaje nobiliario. Era algo poco significativo para él, puesto que como herencia, solo le habían legado dicho terreno con una casa medio arruinada, perteneciente a sus bisabuelos.

Me enamoré de esa preciosa Masía del siglo XIX y de sus vistas. Mucha gente pensó que nos habíamos vuelto locos, pero tras una larga y complicada reforma que acabó costando el doble de lo que en un principio nos pronosticaron, quedó perfecta.

La vida empieza a llevar el cauce que siempre deseas, cuando empiezas a querer a esa niña que hay en ti. Cuando te perdonas por haberla ignorado, por haber sido implacable con ella, por no haberla escuchado. Esa niña, siempre está en tu interior. Es el equilibro entre pensamiento y sentimiento, entre corazón y mente, es la armonía entre dos seres que albergan nuestro ser; la niña y la adulta. Era espeluznante la escasa atención que le había hecho a esa niña que fui. ¡Cómo podía haberlo olvidado! ¿Sería mi instinto de supervivencia?

Cuando tenía dieciséis años les había manifestado a mis padres, mi intención de estudiar canto en Austria y convertirme en cantante de ópera. Ellos pensaron que era un capricho más de adolescente y tampoco insistieron. Sin embargo, años después, viendo que no tenía demasiada motivación por pagarme unos estudios que no servirían para nada, había urdido un plan; estudiaría bellas artes en Florencia, algo que también me fascinaba y que a mis padres no les desagradaba tanto. Simultáneamente y de forma clandestina, estudiaría canto. Mi plan se estaba cociendo, cuando apareció mi primer novio, aquel que detesto nombrar por su nombre. Era una niña que necesitada de protección, él aparecía de forma oportuna. Pensé que mis sueños eran como decía mi padre, un cúmulo de fantasías en mi cabeza, ideas sin un buen futuro. Después de casi veinte años, había recordado a esa niña, me había dado cuenta de que seguía viviendo en mí y, decidí hacerle un poco más de caso.

Cumplí mis planes. Me lo debía, me debía cantar. Y cantar ópera, como siempre soñé; aunque nunca me atreví a decirlo en voz alta. Convertirme en una cantante de ópera no fue tarea fácil. Necesité una enorme dedicación, disciplina, concentración y tenacidad. Contraté un maestro-entrenador para mi vocalización que determinó en qué categoría se centraría el estudio de voz.

Practiqué hasta cansarme, no hacía otra cosa. Aprendí a entrenar y a usar las cuerdas vocales correctamente. E incluso hice algún curso de anatomía para conocer el funcionamiento de las cuerdas vocales.

Felipe conocía a mucha gente del panorama musical, que me abrieron muchas puertas, por el mero hecho de ser su pareja. Fue tan revelador conocerles…También se convirtieron en mis amigos, algo más que compartir con mi pareja. Todos con nuestra sensible alma de artistas, cada uno con su pincelada de autenticidad. Conocerles, me otorgó mucha más seguridad al entender que lo que amaba, era bueno y fidedigno.

Cuando me sentí preparada, organicé un recital para acostumbrarme a cantar ópera frente a una audiencia. En ese recital, participó Felipe, con su piano. Asistieron mis padres y hermana. Los cuales se sintieron muy orgullosos de mí.

Mi padre esperaba verme gorda, no porque intuyera que estuviera embarazada, sino porque, me dedicaba a la ópera. Para triunfar en la ópera no hace falta estar gordo. Eso viene del renacimiento: en aquellos tiempos, sólo los hombres cantaban, las voces agudas las hacían los castratti, que tendían a la obesidad (el descenso de testosterona favorece la inactividad), por lo cual se asociaba excelencia de voz con kilos de más. Pero, no hay evidencia científica de que el peso ayude a controlar la respiración o a proyectar mejor la voz. Es cierto que la Callas adelgazó y ya no fue la misma, pero según la cantante Teresa Berganza, que la *trató de cerca, no perdió la voz por adelgazar sino porque conoció a Onassis y cambió de hábitos de vida.*

El hecho de hablar perfecto alemán, me fue de gran ayuda. Normalmente los cantantes deben aprender varios idiomas, puesto que deben entender lo que cantan.

Me atrevo sin problemas con las piezas compuestas por compositores alemanes que su métrica exige, que sea cantada en el idioma con que se compusieron. Con el italiano, no tengo problema. Con la maternidad, fui abandonando por etapas mi carrera lírica. Pero no paré. Cantar e interpretar son una de mis adicciones. A raíz de establecer contactos de este campo en Nueva York, una compañía de ópera me ofreció un trabajo. Había que estar viajando por todo el mundo y actuar en los mejores teatros. Decliné la oferta, como cantante ya me sentía realizada, entendí que debía respetar mi estilo polifacético y profesional. Volví a encontrarme con Cecilia y le manifesté mis proyectos. Ella me ayudó en todo lo que pudo, me facilitó direcciones de personas que pudieran prepararme en mi nuevo camino con otro proyecto pendiente en el tintero.

Hay algo en mi interior, que me pide que ayude a las mujeres víctimas de agresores. Por ese motivo empecé a relacionarme con Cecilia y varios colegas suyos. En un anexo de la casa voy a abrir un centro, un lugar de recogimiento y terapias para Niñas sin un Yo. Mujeres que aman en exceso, se entregan sin valorarse, buscan la aceptación a toda costa. Como Cecilia, utilizo mi experiencia, para entenderlas y ayudarlas a que se acepten, valoren y se fortalezcan como mujeres. Se determinen a encontrar ese Yo, que no abrazan sino arrastran.

No sé si mi hija será una niña sin un Yo. A pesar de que Felipe es una clave importante en su educación, tanto como yo lo soy con mi hijo.

Sé que no lo hago perfecto, con mis terapias, no he inventado el manual magistral, sé que mis hijos, me reprocharán cosas. No quiero controlar sus fragilidades, ellos tendrán sus obstácu-

los, quizás también sientan que han nacido en un lugar equivocado y me reclamen un cielo más sucio con aires envueltos de altos
decibelios. Y entonces, me tendré que acordar de que su madre,
un día renegó de Asturias.

Ahora entiendo por qué anclé mi vida durante nueve años.
Por qué fui dando tumbos, humillándome, experimentando, dis-
frazándome de personajes que quizás se podrían filtrar en mi piel
como una cura de lo que negué ser.

Era el camino que tuve que tomar para encontrarme con
Felipe y con esta familia que los dos hemos fundado.

Todavía nos quedan asignaturas pendientes, pero es lo que
tiene crecer espiritualmente, el camino es infinito.

NOTA DE LA AUTORA

Parte del contenido de esta novela, fue publicada con el título de Niñas sin un yo y publicada en papel. A raíz de una mala gestión y comunicación con la editorial, solicité a través de mis abogados, la recuperación de los derechos de autora. Tras unos dilatados años, al no conseguirlo sentí que de algún modo debía de recuperar a mi Manuela y no quise esperar más. De este modo, pe puse a revisar el trabajo realizado, añadir más capítulos y cambiarle el título, también me he tomado la libertad de cambiar parte del argumento.